Bucătăria Răbdării

Descoperă Aromele Autentice prin Rețete Culinare pentru Gătirea la Foc Lent

Elena Popescu

Cuprins

Sandvișuri cu friptură de brânză 11

Brats de bere cu ciuperci și ceapă 13

Sandvișuri delicioase cu cârnați și varză murată 15

Caserolă de cârnați de Crăciun 17

Caserolă de cârnați peste noapte 19

Sandvișuri de porc Sunrise 21

Supă parfumată de usturoi cu pâine 22

Supă de avocado și cartofi 24

Supă de cârnați de brânză și legume 25

Supă de cartofi pentru vreme rece 27

Supă copioasă de fasole 29

mare săpun de fasole nordică 31

Supă de cartofi și conopidă 33

chili de pui a mamei 35

Ardei delicios de ciuperci picant 37

Sos de pui și cartofi 39

Pui și legume cu sos de brânză 40

Pui chili cu cartofi 42

Boia de pui cu taitei 43

Piept de curcan portocaliu 45

Pui Teriyaki cu Orez Basmati 47

Pui umed și moale cu ceapă caramelizată 48

Pui cu migdale curry 50

Uimitor pui cu lapte 51

Curcan picant cu varză murată 52

Sânii de curcan afine 54

Curcan cu sos de ceapă-usturoi 55

Carne de vită și varză a bunicii 56

Carne de vită delicioasă Stroganoff 58

Piept Corned Beef Country 60

Friptură de legume 62

Friptură de vițel cu rădăcină 64

Friptură de vită cu sos de ciuperci 65

Carne de porc suculenta cu sos de mere 66

Șuncă cu ananas 67

Friptură de porc afine cu cartofi dulci 68

Cârnați cu varză murată și bere 70

Friptura de porc cu sos de prune 71

Friptură de porc picant cu legume 72

Coaste de porc de țară cu sos de ghimbir 74

bere friptă de porc 76

supa picanta de pui 77

Supă de pui picant cu spanac 79

Supă de creveți cu avocado 80

Supă de creveți cu porumb și cartofi 82

Coaste de porc cu sos 84

Coaste de porc cu sos dulce 85

Carne de porc picant cu bacon canadian 86

Carnea de porc moale și picanta a mamei 88

Carne de porc în stil asiatic 89

carne de porc glazurată festivă 90

Chiftele de modă veche 91

Chiftele ușoare delicioase 92

Somon fiert cu ceapa 94

Sunday Crab Supreme 96

Supă bogată de roșii de creveți 98

Supă de creveți, fasole și porumb 100

Deliciu de vară cu fructe de mare 102

Supă de homar de legume 104

Scoici delicioase și supă de cartofi 106

Frittata de dovlecel picant delicioasă 108

Terci picant pentru dimineţile ocupate 110

Terci de iarnă de familie 112

Făină de ovăz cu mere uimitoare cu prune uscate 114

Gustări delicioase cu caju 116

Miere Curry Nuci Caju 118

Petrecere Piper Migdale 120

Mix curry pentru petrecere 122

Lovitură de pui cu dovleac 124

Pui de sărbătoare din Cornish 126

Somon cu sos de capere 127

Pâine de somon cu ierburi cu sos 129

Lazy Man Mac and Cheese 131

Pui mediteranean cu dovlecel 132

Dovleac spaghetti umplut mediteranean 134

Caserolă de roşii zilnică 136

Caserolă de paste cu patru brânzeturi 137

Caserolă cremoasă cu tăiţei de legume 139

Paste Bolognese de modă veche 141

Enchiladas tradiţionale mexicane 143

Piept de pui umplut 145

Paste cu sos de rosii 146

Farfalle cu sos de ciuperci 147

Nordul Italiei Risi Bisi 148

Risotto cu pecorino și mazăre verde 150

Risotto cu dovlecei și dovlecei galbeni 152

Plăcintă cu ouă cu ciuperci 154

Risotto cu mere aromat 156

Sufleu sarat delicios 157

Spaghete cu sparanghel și fasole 158

Fasole verde ușoară delicioasă 159

Catering mediteranean vegan 160

Fasole fierbinte 162

Fasole Cannellini la cuptor și cu ierburi 164

Fasole delicioasă, dulci, condimentată 165

Sfeclă de miere ușoară cu struguri 167

Varza de Bruxelles glazurata cu ceapa perlata 168

Piure de cartofi-morcovi cu ierburi 170

Varză de iarnă cu slănină 172

Varză cremoasă vegetariană 173

Morcov glazut cu portocaliu uimitor 175

Varză cremoasă mediteraneană 176

Cartofi dulci glazurati cu portocale 178

Plăcintă delicioasă de porumb de familie 180

Budincă de porumb picant 181

Umăr de porc cu sos iute 183

Cremă cu praz și usturoi 185

Ceapa umpluta Vidalia 187

Igname de zahăr cu fructe și nuci 189

Coaste de miere de arțar 190

Nucă de Yam pentru Sărbătorile de Iarnă 191

Budincă de dovleac și cartofi dulci 193

Gratin de cartofi bogat și cremos 195

Cartofi cremosi cu sunca afumata 197

Legume rădăcinoase cremoase 198

Sufle de ciuperci și dovlecel 200

Deliciu turcesc cu branza, spanac si taitei 202

Budinca de paine sarata 204

Creveți Porumb și Cartofi 206

Paella de vară bogată și sănătoasă 207

Iepure în sos de cocos 209

Moussaka vegetarian de cartofi și vinete 210

Pulpe de pui cu cartofi curry 212

Clafoutis de pere de seară delicioase 214

Risotto de seară cu mere 216

Sandvișuri cu friptură de brânză

(Gata în aproximativ 8 ore | 8 porții)

Cuprins

- 1 kg friptură rotundă, feliată subțire
- 1 cană ceapă, feliată
- 1 ardei gras verde, feliat
- 1 cană bulion de vită
- 1 catel de usturoi, tocat
- 2 linguri de vin roșu sec
- 1 lingură de sos Worcestershire
- 1 lingurita de seminte de telina
- 1/2 lingurita de sare
- 1/4 lingurita piper negru macinat
- 8 chifle de hamburger
- 1 cană de brânză mozzarella, rasă

Instrucțiuni

unu.Combinați toate ingredientele, cu excepția scones-urilor și a brânzei, în oala dvs.

2.Acoperiți și gătiți la foc mic timp de 6 până la 8 ore.

3.Faceți scones, amestec de carne și sandvișuri cu brânză. Serviți fierbinte și bucurați-vă!

Brats de bere cu ciuperci și ceapă

(Gata în aproximativ 8 ore | 8 porții)

Cuprins

- 8 cârnați proaspeți

- 2 (12 uncii) 3 sticle de bere

- 1 cană de ciuperci, feliate

- 2-3 catei de usturoi, tocati

- 1 ceapa rosie, taiata felii

- 1 ardei gras rosu, feliat

- 1 lingurita sare de mare

- 1/4 lingurita piper negru macinat

- 1 lingurita de ardei poblano tocat

- 8 chifle hot dog

Instrucțiuni

unu. Combinați toate ingredientele, cu excepția scones-urilor, într-o oală.

2. Coaceți, acoperit, timp de 6 până la 8 ore.

3. Servește cârnații și legumele fierte în chifle. Adăugați muștar, ketchup și smântână dacă doriți.

Sandvișuri delicioase cu cârnați și varză murată

(Gata în aproximativ 8 ore | 6 porții)

Cuprins

- Alege 6 cârnați proaspeți
- 1 ceapa medie, tocata
- 1 cană de varză murată
- 1 măr mic, decojit, fără miez și feliat subțire
- 1 lingurita de seminte de chimen
- 1/2 cană supă de pui
- Sarat la gust
- 1/2 lingurita piper negru macinat
- 6 chifle hot dog
- catsup pentru garnitură
- Muștar pentru garnitură

Instrucțiuni

unu.Puneți cârnații într-o caserolă. Se adauga apoi ceapa, varza murata, marul, chimenul, supa de pui, sare si piper.

2.Coaceți, acoperit, timp de 6 până la 8 ore.

3.Sandwich scones și serviți cu muștar și muștar.

Caserolă de cârnați de Crăciun

(Gata în aproximativ 8 ore | 8 porții)

Cuprins

- Spray de gătit antiaderent cu aromă de unt
- 1 pachet (26 uncii) de cartofi maro congelați, decongelați
- 1 dovlecel, feliat subțire
- 1 cană de lapte integral
- 10 ouă, omletă
- 1 lingurita sare de mare
- 1/4 lingurita fulgi de ardei rosu macinati
- 1/4 lingurita piper negru macinat
- 1 lingurita de seminte de chimen
- 1 lingura de mustar macinat
- 2 căni de cârnați
- 2 căni de brânză cheddar, rasă

Instrucțiuni

unu.Ungeți o oală cu spray antiaderent. Întindeți cartofii prăjiți pentru a acoperi fundul caserolei. Apoi aranjați feliile de dovlecel.

2.Într-un castron mediu, amestecați laptele, ouăle, sarea, boia de ardei, piperul negru, semințele de chimen și muștarul măcinat.

3.Încinge o tigaie de fontă la foc mediu. În continuare, gătiți cârnații aproximativ 6 minute până când devin maro auriu și se sfărâmiciază; aruncați grăsimea.

4.Puneți cârnații pe stratul de dovlecel, apoi întindeți brânză Cheddar. Se toarnă amestecul de ou-lapte peste stratul de brânză.

5.Gatiti la foc mic timp de 6 pana la 8 ore. Se serveste fierbinte cu putin mustar in plus.

Caserolă de cârnați peste noapte

(Gata in aproximativ 8 ore | Portie 12)

Cuprins

- 1 ½ cană de cârnați picant
- 1 ceapa rosie, tocata
- 2 catei de usturoi, macinati
- 1 ardei gras dulce, feliat subțire
- 1 ardei jalapeno
- 1/4 cana patrunjel proaspat
- 1 lingură grămadă de coriandru proaspăt
- 1 pachet (30 uncii) de cartofi bruni, rasi si dezghetati
- 1 1/2 cani de branza taiata, rasa
- 1 pahar cu apa Lapte
- 12 ouă
- 1 lingurita mustar uscat
- 1 lingurita de seminte de telina

- 1/2 lingurita de sare

- 1/8 lingurita piper

- 1/4 lingurita piper cayenne

Instrucțiuni

unu.Gatiti carnatii la foc mediu intr-o tigaie medie antiaderenta; goliți-l și lăsați-l deoparte.

2.Într-un castron mediu, amestecați ceapa, usturoiul, ardeiul dulce, ardeiul jalapeno, pătrunjelul și coriandru. Se amestecă bine pentru a se combina.

3.Straturi alternative. Puneți cheddarul fiert, cârnații, amestecul de ceapă și 1/3 din brânză în tava. La fel, repetați straturile de două ori.

4.Într-un castron separat, amestecați ingredientele rămase. Turnați acest amestec în mod uniform în tava.

5.Acoperiți și gătiți la foc mic timp de aproximativ 8 ore sau peste noapte. Se serveste fierbinte.

Sandvişuri de porc Sunrise

{Gata in aproximativ 8 ore | Portie 12}

Cuprins

- 1 friptură medie de porc
- 1/4 lingurita piper negru
- 1/4 lingurita fulgi de ardei rosu macinati
- 1 lingurita sare de mare
- 1 lingurita de cimbru uscat
- 1 lingură de aromă lichidă de fum
- 12 chifle cu covrigi

Supă parfumată de usturoi cu pâine

(Gata în aproximativ 4 ore | Porție 4)

Cuprins
- 8 catei de usturoi, tocati
- 1 litru de suc de legume
- 1/2 linguriță frunze de cimbru uscat
- 1/2 linguriță de semințe de țelină
- Sarat la gust
- Piper negru după gust
- 2 linguri de ulei de măsline
- 4 felii de pâine
- Arpagic tocat pentru ornat

Instrucțiuni

unu.Combinați usturoiul, bulionul de legume, frunzele uscate de cimbru și semințele de țelină într-o oală; Acoperiți și gătiți la maxim 4 ore.

2.Asezonați cu sare și piper.

3.Într-o tigaie grea, încălziți uleiul de măsline la foc mediu. Prăjiți feliile de pâine timp de 2 până la 3 minute pe fiecare parte până se rumenesc.

4.Pune feliile de pâine în boluri cu supă; Acoperiți-le cu un polonic de supă de usturoi și arpagic tocat. Bucurați-vă!

Supă de avocado și cartofi

(Gata in aproximativ 5 ore | Portie 4)

Cuprins
- 1 ½ cană bulion de pui
- 3 cani de cartofi, curatati si taiati cubulete
- 1 cană de boabe de porumb
- 1 cană piept de curcan afumat, tăiat cubulețe
- 1 lingurita frunze de cimbru uscat
- suc de 1 lămâie proaspătă
- 1 cană de avocado, tăiat cubulețe
- 1 lingurita sare de mare
- 1/2 piper negru măcinat

Instrucțiuni

unu. Într-o oală, combinați supa de pui, cartofii, boabele de porumb, pieptul de curcan și cimbru.

2. Acoperiți și gătiți la foc maxim timp de 4 până la 5 ore.

3. Se amestecă lime, avocado, sare și piper. Serviciu.

Supă de cârnați de brânză și legume

(Gata în aproximativ 5 ore | Porție 6)

Cuprins

- 1 cană cârnați afumati, feliați
- 2 căni de bulion cu sodiu redus
- 2 ½ căni de porumb cremă
- 1 ceapa, tocata
- 1 ½ cană de roșii prune, tocate
- 1 ardei gras rosu dulce, tocat
- 2 căni de lapte plin de grăsime
- 2 linguri de amidon de porumb
- 3/4 cani de brânză elvețiană
- Sarat la gust
- 1/4 lingurita piper negru
- 1/4 lingurita piper cayenne

Instrucțiuni

unu.Combină primele șase ingrediente în oala ta; acoperiți cu un capac.

2.Gatiti la foc mare aproximativ 5 ore.

3.Adăugați laptele și amidonul de porumb, amestecați aproximativ 3 minute.

4.Adăugați brânză elvețiană; se condimentează cu sare, piper și boia; serviciu.

Supă de cartofi pentru vreme rece

(Gata in aproximativ 5 ore | Portie 4)

Cuprins
- 2 cani de cartofi taiati cubulete
- 2 cani boabe de porumb
- 1 ceapa medie, tocata
- 1 pahar de apă
- 1 cană de supă de pui
- 1/2 cană țelină, feliată
- 1 lingurita de frunze uscate de busuioc
- 1/2 linguriță iarbă de mărar uscată
- 1 ½ cană de lapte
- Sarat la gust
- 1/4 lingurita piper alb

Instrucțiuni

unu. Combinați cartofii, porumbul, ceapa, apa, bulionul, țelina, busuiocul și iarba de mărar într-o oală.

2. Acoperiți și gătiți la foc maxim timp de 4 până la 5 ore.

3. Amestecați ingredientele rămase și serviți cald sau la temperatura camerei.

Supă copioasă de fasole

(Gata în aproximativ 6 ore | Porție 8)

Cuprins

- 2 pahare cu apa
- 2 cesti supa de vita
- 15 ½ uncii de fasole conservată, clătită și scursă
- 1 ardei gras rosu dulce
- 1 frunză de dafin
- 2 cepe mari, tocate
- 2 catei de usturoi, tocati
- 1/2 lingurita boia
- 1/4 cană sherry uscat
- Sare si piper negru macinat, dupa gust
- Brânză albastră pentru ornat

Instrucțiuni

unu.Într-o oală, puneți apa, bulionul, conservele de fasole, ardeiul gras roșu, dafinul, ceapa, usturoiul și fulgii de chili.

2.Gatiti acoperit la foc mare timp de 5 pana la 6 ore

3.Adauga sherry uscat in ultimele 15 minute; Asezonați cu sare și piper și ajustați condimentele.

4.Serviți cu brânză albastră și bucurați-vă!

mare săpun de fasole nordică

(Gata în aproximativ 6 ore | Porție 8)

Cuprins

- 2 cani de supa de pui
- 2 pahare cu apa
- 2 căni de fasole Great Northern, clătită și scursă
- 1 morcov mare, feliat
- 2 cani de praz, tocat marunt
- 2-3 catei de usturoi, tocati
- 1 lingurita busuioc uscat
- 1 lingurita de cimbru uscat
- 1 lingurita de seminte de telina
- 1 lingura de otet de mere
- 1/2 lingurita de sare
- 1/2 lingurita piper negru macinat

Instrucțiuni

unu. Combinați supa de pui, apa, fasolea, morcovii, prazul, usturoiul, busuiocul, cimbru și semințele de țelină într-o cratiță.

2. Acoperiți cu un capac; Adăugați oțet de mere în ultimele 15 minute și fierbeți la foc mare timp de 5-6 ore. Adăugați sare și piper negru măcinat; se serveste fierbinte.

Supă de cartofi și conopidă

(Gata în aproximativ 4 ore | Porție 6)

Cuprins
- 3 căni de bulion de pui cu sodiu redus
- 3 ½ cani de cartofi, curatati de coaja si taiati cubulete
- 1 cana ceapa primavara, tocata
- 1/2 cap de conopida
- 1/2 cană țelină, feliată subțire
- 1/4–1/2 linguriță de semințe de țelină
- 1 cană de lapte integral
- 2 linguri de amidon de porumb
- Sare si piper alb dupa gust
- 1/4 lingurita fulgi de ardei rosu, macinati
- Nucșoară măcinată ca garnitură

Instrucțiuni

unu. Combinați toate ingredientele într-o oală, cu excepția laptelui integral, amidonului de porumb, sare, piper alb, boia de ardei și nucșoară.

2. Acoperiți și gătiți la foc maxim aproximativ 4 ore.

3. Amestecați ingredientele rămase, cu excepția nucii de cocos, în ultimele 20 de minute.

4. Împărțiți în șase boluri cu supă; Se serveste presarata cu nucsoara macinata!

chili de pui a mamei

(Gata în aproximativ 8 ore | 6 porții)

Cuprins

- 1 kg piept de pui, dezosat și fără piele
- 1 cană de praz, tocat mărunt
- 2 rosii prune, tocate
- 1 conserve (15 uncii) de fasole, clătită și scursă
- 2 catei de usturoi, tocati
- 1 lingurita boia
- 1/2 linguriță ienibahar
- 1 fâșie de coajă de portocală
- Sare si piper, dupa gust
- Pătrunjel proaspăt tocat pentru decor
- Frunze de coriandru tocate ca garnitura

Instrucțiuni

unu. Tăiați puiul în bucăți mici.

2. Amestecă toate ingredientele, cu excepția pătrunjelului și coriandru, în oala ta.

3. Acoperiți și gătiți la foc mic timp de aproximativ 8 ore.

4. Serviți peste orez. Se presara patrunjel si coriandru. Bucurați-vă!

Ardei delicios de ciuperci picant

(Gata în aproximativ 8 ore | 6 porții)

Cuprins

- 1 kg piept de pui, taiat cubulete
- 2 căni de bulion de pui cu sodiu redus
- 1 pahar de apă
- 2 cani de fasole conservata, clatita si scursa
- 2 cepe roșii mari
- 1 ardei gras rosu dulce, tocat
- 1 cană de ciuperci, feliate
- 1 lingurita de ghimbir, tocat
- 1 lingurita de ardei jalapeno, tocat
- 1 lingurita chimen macinat
- 2 foi de dafin
- 1/2 lingurita sare de mare
- 1/2 lingurita piper negru macinat
- 1/2 lingurita piper cayenne

Instrucțiuni

unu. Adăugați toate ingredientele într-un vas de caserolă.

2. Apoi gătiți cu capacul închis la foc mic timp de 6 până la 8 ore.

3. Gustați, ajustați condimentele și serviți.

Sos de pui și cartofi

(Gata în aproximativ 6 ore | Porție 4)

Cuprins

- 3/4 cană piept de pui, dezosat și fără piele
- 4 cartofi medii, curatati de coaja si taiati cubulete
- 1 ceapă galbenă medie, feliată
- 1 ½ cană de cremă de ciuperci
- 1 ½ cană cremă de supă de pui
- 1/4 lingurita piper alb
- 1/4 lingurita piper negru

Instrucțiuni

unu. Aranjați toate ingredientele în vasul de vase.

2. Acoperiți și fierbeți la foc mic timp de aproximativ 6 ore sau până când carnea este gătită.

3. Servește cu o praf de smântână și salata ta preferată.

Pui și legume cu sos de brânză

(Gata in aproximativ 6 ore | Portie 4)

Cuprins
- 2 cani de supa de pui
- 4 piepti de pui medii, dezosati, fara piele
- 1 kg de fasole verde
- 1 ardei gras rosu dulce
- 1 ceapă, tăiată felii
- 3 cartofi medii, curatati de coaja si taiati cubulete
- 3 catei de usturoi, tocati
- 1/2 lingurita maghiran uscat
- 1/4 lingurita piper negru proaspat macinat
- 1/2 cană cremă de brânză, tăiată cubulețe
- 1 lingurita mustar de Dijon
- 2 linguri de otet balsamic

Instrucțiuni

unu. Puneți toate ingredientele într-o oală, cu excepția brânzei, muștarului și oțetului balsamic.

2. Acoperiți și gătiți la foc mic timp de 5 până la 6 ore.

3. Scoateți puiul și legumele din caserolă și păstrați-le la cald.

4. Pentru a face sosul, adaugă brânza, muștarul și oțetul în bulionul din oala. Se amestecă până când totul este bine amestecat și brânza este topită.

5. Împărțiți puiul și legumele în patru boluri cu supă.

6. Se toarnă sosul peste pui și legume. Se serveste fierbinte.

Pui chili cu cartofi

(Gata in aproximativ 5 ore | Portie 4)

Cuprins

- spray de gătit antiaderent
- 1/2 cană de cartofi
- 1 cană rămasă de pui gătit, tăiată cubulețe
- 2 foi de dafin
- 3-4 ardei negri
- 2 cani de supa de pui
- 2 pahare cu apa
- 2 linguri de vin alb sec
- Piper negru, dupa gust
- 1 lingurita boia

Instrucțiuni

unu. Acoperiți oala cu spray antiadeziv.

2. Pune toate ingredientele într-o tavă unsă cu unt.

3. Acoperiți și gătiți la foc mic timp de 5 ore.

Boia de pui cu taitei

(Gata în aproximativ 8 ore | 8 porții)

Cuprins

- 2 linguri de ulei de măsline
- 1 ceapă mare, curățată și tăiată cubulețe
- 2 catei de usturoi, tocati
- 3 kg pulpe de pui, dezosate și fără piele
- 2 foi de dafin
- 1 lingurita sare de mare
- 1/2 lingurita piper negru macinat, dupa gust
- 1 lingura de ardei rosu
- 1/2 cană bulion de pui
- 1/4 cană vin alb sec
- 1 cana crema de branza
- Fidea cu ou, fierte

Instrucțiuni

unu.Într-o tigaie grea, încălziți uleiul de măsline la foc mediu. Se caleste ceapa si usturoiul pana se inmoaie.

2.Tăiați pulpele de pui în bucăți mici. Adăugați puiul în tigaie și prăjiți timp de 5 până la 6 minute. Schimbați-l în oală de vas.

3.Adăugați foile de dafin, sare de mare, piper negru, boia de ardei, supa de pui și vinul alb; Acoperiți și fierbeți la foc mic timp de aproximativ 8 ore.

4.Se amesteca cu crema de branza si se serveste peste taitei fierti.

Piept de curcan portocaliu

(Gata în aproximativ 8 ore | 8 porții)

Cuprins

- spray de gătit antiaderent
- 3 kg piept de curcan, dezosat și fără piele
- 1 ceapa medie, tocata
- 1/2 cană suc de portocale
- 1 lingură de marmeladă de portocale
- 1 lingura de otet balsamic
- 1 lingură de sos Worcestershire
- 1 lingurita mustar
- 1/2 linguriță sare kosher
- 1/4 lingurita piper negru macinat

Instrucțiuni

unu. Aplicați spray de gătit antiaderent pe oala dvs. Tăiați curcanul în bucăți mici. Transferați în oala de ghiveci și adăugați ceapa.

2. Într-o ceașcă de măsurare sau un bol de amestec, combinați sucul de portocale, marmelada, oțetul balsamic, sosul Worcestershire, muștarul, sarea și piperul. Se toarnă într-o tavă.

3. Acoperiți cu un capac; Gatiti la foc mic aproximativ 8 ore.

4. Se serveste peste cartofi tocati.

Pui Teriyaki cu Orez Basmati

(Gata în aproximativ 8 ore | 8 porții)

Cuprins

- 2 kg de pui, dezosat și tăiat fâșii
- 1 cană de mazăre verde
- 1 ardei gras rosu dulce, tocat
- 1 ardei dulce galben, tocat
- 1 cană ceapă verde
- 1/2 cană supă de pui
- 1 cană sos teriyaki
- sare de mare dupa gust
- 1/4 lingurita piper negru macinat

Instrucțiuni

unu. Adăugați toate ingredientele în vasul de caserolă. Se amestecă pentru a se combina.

2. Acoperiți și gătiți la foc mic aproximativ 6 ore.

3. Serviți peste orez basmati.

Pui umed și moale cu ceapă caramelizată

(Gata in aproximativ 6 ore | Portie 4)

Cuprins
- 2 linguri de unt
- 1 ceapa mare, tocata
- 1 lingurita de zahar
- 2 catei de usturoi, tocati
- 1 lingură de pudră de curry
- 1 pahar de apă
- 3/4 linguriță concentrat de bulion de pui
- 8 pulpe de pui, fara piele
- Orez alb cu bob lung gătit ca garnitură

Instrucțiuni

unu. Topiți untul într-o tigaie mică la foc mediu. Adăugați ceapa și gătiți timp de 10 minute, amestecând din când în când.

2. Apoi, reduceți căldura la mediu-mare; Adăugați zahăr și gătiți încă 10 minute până ce ceapa devine aurie. Transferați într-o tavă.

3. Adăugați ingredientele rămase, cu excepția orezului fiert; Gatiti acoperit aproximativ 6 ore.

4. Împărțiți în patru farfurii de servire și serviți peste orez alb cu bob lung.

Pui cu migdale curry

(Gata in aproximativ 6 ore | Portie 4)

Cuprins
- 1 lingura de ulei de masline
- 1 cană de praz, tocat
- 2 catei de usturoi, tocati
- 1 ½ linguriță de pudră de curry
- 1 cană de lapte de migdale
- 1/2 cană de apă
- 8 pulpe de pui, fara piele
- 1 1/2 cani de telina, feliata in cruce
- 1 cana migdale ras, prajite

Instrucțiuni

unu. Încinge uleiul de măsline într-o tigaie grea; Se caleste prazul pana se inmoaie. Transferați într-o tavă.

2. Adăugați ingredientele rămase, cu excepția migdalelor tocate.

3. Acoperiți cu un capac potrivit și gătiți aproximativ 6 ore.

4. Se presara deasupra migdale prajite si se serveste calde!

Uimitor pui cu lapte

(Gata în aproximativ 8 ore | Porție 4)

Cuprins

- spray de gătit antiaderent
- 1 bol cu supa de pui
- 1 ardei gras verde, feliat
- 1 ardei gras rosu, feliat
- 1 morcov, feliat subțire
- 1/2 cană lapte
- 1 cană piept de pui, dezosat și fără piele
- 1 ½ cani de apa

Instrucțiuni

unu. Ungeți o tavă cu spray antiadeziv.

2. Adăugați restul ingredientelor.

3. Acoperiți cu un capac; Coborâți oala și gătiți timp de 8 ore.

Curcan picant cu varză murată

(Gata în aproximativ 8 ore | 6 porții)

Cuprins
- 1 kilogram de morcovi, feliați subțiri
- 1 tulpină de țelină, tocată mărunt
- 1 cană de praz, tocat
- 2 catei de usturoi, curatati si tocati
- 1 piept mare de curcan, dezosat
- 2 kilograme de varză murată, clătită și scursă
- 6 cartofi roșii medii, spălați și tăiați cubulețe
- 2 pahare de bere
- 1/2 linguriță de salvie uscată
- 1/2 lingurita rozmarin uscat
- Sarat la gust
- 1/2 lingurita piper negru macinat

Instrucțiuni

unu. Într-o caserolă, aranjați toate ingredientele.

2. Coborâți oala; Gatiti aproximativ 8 ore acoperit.

3. Apoi, gustați mirodeniile și ajustați dacă este necesar; serviciu.

Sânii de curcan afine

(Gata în aproximativ 8 ore | 8 porții)

Cuprins

- Spray de gătit cu aromă de unt
- 1 lingurita concentrat de bulion de pui
- 2 căni de sos de afine întreg
- 1/4 lingurita de apa
- 1 piept de curcan mediu dezosat, tăiat în sferturi

Instrucțiuni

unu. Acoperiți vasul cu spray de gătit cu aromă de unt. Adăugați ingredientele rămase; amestecați pentru a combina.

2. Acoperiți și gătiți la foc mic timp de 8 ore sau la foc mare timp de 4 ore. Se serveste cu smantana.

Curcan cu sos de ceapă-usturoi

(Gata în aproximativ 8 ore | 8 porții)

Cuprins

- 5 cepe roșii mari, feliate subțiri
- 4 catei de usturoi, tocati
- 1/4 cană vin alb sec
- 1/2 lingurita sare de mare
- 1/4 lingurita piper negru macinat
- 1/4 lingurita piper cayenne
- 4 pulpe mari de curcan, fara piele

Instrucțiuni

unu. Pune ceapa și usturoiul în fundul vasului. Se toarnă vinul și se stropește cu sare, piper și boia.

2. Adăugați pulpele de curcan. Aşeza; Gatiti aproximativ 8 ore la foc mic.

3. Scoateți pulpele de curcan din caserolă. Curățați carnea de oasele de curcan.

4. Deschideți capacul casetei și continuați să gătiți până când lichidul se evaporă. Se amestecă din când în când.

5. Întoarceți curcanul în oala. Apoi introduceți curcanul în amestecul din vasul de vase. Serviciu.

Carne de vită și varză a bunicii

(Gata în aproximativ 4 ore | Porție 4)

Cuprins

- 1 kilogram de carne de vită gătită, tăiată în bucăți mici
- 1 ceapa medie, curatata si tocata marunt
- 1 cană de varză, tocată
- 2 cartofi medii, tăiați cubulețe
- 2 morcovi, decojiti si taiati felii subtiri
- 1 tulpină de țelină, tocată
- 1 cățel de usturoi, curățat și tocat
- 2 cesti supa de vita
- 2 cani de rosii conservate, tocate
- Sarat la gust
- 1/4 lingurita piper negru macinat

Instrucțiuni

unu. Pune toate ingredientele într-o caserolă; amestecați pentru a combina.

2. Setați oala la mare și gătiți timp de 1 oră. Apoi, reduceți focul la mic și gătiți timp de 3 până la 4 ore.

3. Gustați și ajustați condimentele; se serveste fierbinte.

Carne de vită delicioasă Stroganoff

(Gata în aproximativ 4 ore și 30 de minute | Porție 4)

Cuprins
- 1 kilogram carne de vită fiartă, tocată
- 1/2 cană ciuperci feliate, scurse
- 1 ceapa, tocata
- 2-3 catei de usturoi, tocati
- 1/2 cană bulion de vită
- 1 cana crema de supa de ciuperci
- 2 linguri de vin alb sec
- 1 cana crema de branza
- 1 frunză de dafin
- 1/2 linguriță de salvie uscată
- 1/2 lingurita rozmarin uscat

Instrucțiuni

unu.Pune toate ingredientele în caserola ta, cu excepția cremei de brânză. Acoperiți și gătiți la foc mic timp de 4 ore.

2.Taiati apoi crema de branza in bucatele mici; Adăugați în vasul de caserolă. Acoperiți și gătiți la foc mic încă 1/2 oră sau până când brânza se topește.

3.Serviți peste tăițeii cu ou favoriți.

Piept Corned Beef Country

(Gata în aproximativ 8 ore și 45 de minute | Porție 12)

Cuprins
- 4 kilograme piept de vită corned beef
- 2 catei de usturoi, curatati si tocati
- 2 cepe, tocate
- 1 pahar de apă
- 1 frunză de dafin
- 1/2 cană bulion de vită
- 1 lingura de ardei rosu
- 1/2 lingurita de nucsoara proaspat rasa
- 1/2 lingurita de piper alb
- Câteva picături de fum lichid

Instrucțiuni

unu. Îndepărtați excesul de grăsime din carnea de vită. Transferați carnea de vită în vasul de caserolă.

2. Adăugați ingredientele rămase; Acoperiți și gătiți timp de 8 ore.

3. Preîncălziți cuptorul la 350 de grade F. Puneți carnea de vită într-o tigaie; Se prăjește timp de 45 de minute.

4. Serviți peste cartofi tăiați felii, dacă doriți.

Friptură de legume

(Gata în aproximativ 8 ore | 6 porții)

Cuprins

- 1 kg de morcovi
- 3 cartofi medii, tăiați în sferturi
- 2 catei de usturoi, curatati si tocati
- 2 tulpini de telina, tocate
- 1 ardei gras rosu dulce, fara miez si tocat
- 1 ceapa mare, tocata
- 3 kg friptură, fără os
- 1 lingurita concentrat de bulion
- 1/2 linguriță piper negru
- 1 pahar de apă
- 1 cană suc de roșii
- 1 lingura de sos de soia

Instrucțiuni

unu.Aranjați legumele în oala dvs.

2.Tăiați friptura în porții de mărimea unei porții. Puneți bucățile de friptură deasupra legumelor.

3.Într-un bol de amestecare, combinați concentratul de bulion, piperul negru, apa, sucul de roșii și sosul de soia. Bateți pentru a combina. Adăugați acest amestec lichid în oala.

4.Acoperiți și gătiți la foc mic timp de aproximativ 8 ore.

Friptură de vițel cu rădăcină

(Gata in aproximativ 8 ore | Portie 12)

Cuprins
- 4 cartofi rusești, tăiați în sferturi
- 1 pahar de apă
- 4 păstârnac, tăiați în sferturi
- 3 napi, sferturi
- 1 ceapă, feliată
- 1/2 cană de praz, feliat
- 7 catei de usturoi, taiati felii
- 4 kilograme de friptură de vită rotundă
- 1 concentrat de bulion de vită
- 1 lingurita boia afumata
- 1/2 linguriță piper negru proaspăt măcinat

Instrucțiuni
unu. Pur și simplu puneți toate ingredientele în oala de vas.

2. Setați oala de vase la mic și gătiți timp de 8 ore.

3. Tăiați carnea de vită în porții și serviți cu legume. Ornați cu muștar dacă doriți.

Friptură de vită cu sos de ciuperci

(Gata în aproximativ 8 ore | Porție 12)

Cuprins

- 2 cepe medii, curatate de coaja si taiate felii
- 2 kg friptură rotundă de vită, dezosată
- 3 cani de ciuperci, feliate
- 1 cană nap, feliat
- 1 borcan (12 uncii) de sos de vită
- 1 (1 uncie) amestec de sos de ciuperci uscate plic

Instrucțiuni

unu. Aranjați ceapa pe fundul tigaii.

2. Tăiați grăsimea din friptura rotundă de vită; apoi tăiați carnea de vițel în opt părți.

3. Peste ceapa se aseaza carnea de vita si apoi se aseaza ciupercile pe ea. Acoperiți cu napi tăiați felii.

4. Se amestecă sosul de vită și amestecul de sos de ciuperci.

5. Adăugați acest amestec de sos în oala; Acoperiți și gătiți la foc mic timp de 8 ore. Serviți peste piure de cartofi, dacă doriți.

Carne de porc suculenta cu sos de mere

(Gata în aproximativ 6 ore | Porție 8)

Cuprins

- 1/4 cană zahăr brun deschis
- 1/4 cană muștar de Dijon
- 1/2 lingurita piper negru macinat
- 4 kg muschi de porc, fără grăsime
- 1/2 cană vin roșu uscat
- 4 cani de sos de mere, neindulcit
- 1/2 cana ceapa primavara, tocata

Instrucțiuni

unu. Într-un castron mic sau o ceașcă de măsurare, combinați zahărul, muștarul și piperul. Se amestecă bine pentru a se combina.

2. Frecați amestecul de muștar pe muschiul de porc.

3. Pune muschiul de porc in caserola; adauga vin rosu, sos de mere si ceapa verde; acoperiți cu un capac.

4. Gatiti la foc mic timp de 6 ore. Serviți cu puțin muștar în plus.

Șuncă cu ananas

(Gata în aproximativ 6 ore | Porție 6)

Cuprins

- 2 kg friptură de șuncă
- 1 kg prăjituri de ananas conservate, scurse, se rezervă 2 linguri de suc.
- 1 cană de praz, tocat
- 2 catei de usturoi, tocati
- 3 cartofi mari, tăiați cubulețe
- 1/2 cană marmeladă de portocale
- 1/4 lingurita boia
- 1/4 lingurita piper negru macinat
- 1/2 linguriță busuioc uscat

Instrucțiuni

unu. Tăiați șunca în bucăți mici. Transferați într-o tavă.

2. Adăugați ingredientele rămase; amestecați pentru a combina.

3. Acoperiți și gătiți la foc mic timp de 6 ore.

Friptură de porc afine cu cartofi dulci

(Gata în aproximativ 6 ore | Porție 6)

Cuprins
- 3 kg friptură de pulpă de porc
- 2 căni de afine conservate
- 1 ceapa medie, curatata si tocata marunt
- 1/2 cană suc de portocale
- 2 linguri de otet de mere
- 1/2 linguriță praf de cinci condimente
- sare de mare dupa gust
- 1/2 lingurita piper negru macinat
- 3 cartofi dulci mari, decojiti si taiati in patru

Instrucțiuni

unu. Pune carnea de porc într-o caserolă.

2. Într-o cană de măsurare, amestecați merișoare, ceapa, suc de portocale, oțet de mere, pudră de cinci condimente, sare și piper; amestecați pentru a combina.

3. Turnați amestecul de merișoare peste friptura de porc la caserolă. Aranjați cartofii în jurul porcului.

4. Acoperiți și gătiți la foc mic aproximativ 6 ore.

5. Luați-l în farfuria de servire și bucurați-vă de el!

Cârnați cu varză murată și bere

(Gata în aproximativ 3 ore și 30 de minute | Porție 8)

Cuprins

- 8 cârnați prefierți
- 2 cepe mari, feliate
- 2 kilograme de varză murată, clătită și scursă
- 1 sticlă de bere (12 uncii).

Instrucțiuni

unu. Adăugați cârnații și ceapa într-o caserolă. Gatiti la foc mare timp de 30 de minute.

2. Adăugați varza murată și berea; Acoperiți și gătiți la foc mic timp de 3 ore.

3. Serviți cu muștar, dacă doriți.

Friptura de porc cu sos de prune

(Gata în aproximativ 6 ore | Porție 6)

Cuprins

- 12 prune uscate, fără sâmburi
- 3 kg friptură de porc, dezosată
- 4 mere medii, fără miez și sferturi
- 3/4 cană suc de mere
- 3/4 cană smântână groasă
- 1 lingurita sare de mare
- 1/4 lingurita piper negru proaspat macinat
- 1 lingura de unt

Instrucțiuni

unu. Adăugați toate ingredientele în vasul de caserolă. Acoperiți și gătiți timp de 6 ore sau până când carnea se desparte ușor.

2. Serviți peste piure de cartofi.

Friptură de porc picant cu legume

(Gata in aproximativ 6 ore | Portie 4)

Cuprins

- 1 lingura ulei de canola
- 1 ceapă mare, tăiată felii
- 1 tulpina de telina, tocata
- 1 morcov mare, curatat de coaja si tocat marunt
- 1 ardei jalapeno, fara samburi si tocat
- 1 lingurita praf de usturoi
- Sarat la gust
- 1/2 linguriță praf de cinci condimente
- 1/4 lingurita piper negru proaspat macinat
- 1/2 lingurita de cimbru uscat
- 1/2 lingurita busuioc uscat
- 1 (3 lire) umăr de porc sau friptură de fund
- 1 cană suc de legume

Instrucțiuni

unu.Adăugați uleiul de canola în tigaia din fontă. Se încălzește uleiul de canola la foc mediu-mare și apoi se adaugă legumele. Se calesc legumele pana se inmoaie sau aproximativ 15 minute.

2.Într-un castron, combinați pudra de usturoi, sarea, pudra cu cinci condimente, piper negru, cimbru și busuioc; se amestecă pentru a se amesteca.

3.Frecați acest amestec de condimente în carne. Adăugați friptura de porc în oala; Se toarnă în bulion de legume. Acoperiți și gătiți la foc mic timp de 6 ore.

4.Tocați carnea de porc cu două furculițe. Se toarnă sosul peste carne și se servește fierbinte.

Coaste de porc de țară cu sos de ghimbir

(Gata în aproximativ 8 ore | 6 porții)

Cuprins

- 4 kilograme de coaste de porc de țară
- 1 ¼ cană de ketchup de roșii
- 2 linguri de oțet de orez
- 2 linguri sos tamari
- 1/4 linguriță ienibahar
- 1 ceapa mare, curatata si tocata
- 1 cățel de usturoi, curățat și tocat
- 2 lingurite de ghimbir ras
- 1/4 lingurita fulgi de ardei rosu, macinati

Instrucțiuni

unu. Tăiați coastele de porc în porții de mărimea unei porții.

2. Prăjiți fiecare parte a coastelor timp de 5 minute sau până când este parfumată și rumenită.

3. Pentru a face sosul: Într-o caserolă, amestecați împreună ketchup-ul de roșii, oțetul de orez, sosul tamari, ienibaharul, ceapa, usturoiul, ghimbirul și boia de ardei.

4. Puneți coastele de porc în caserolă, ungeți coastele cu sosul.

5. Acoperiți și gătiți timp de 8 ore sau până când coastele sunt fragede.

bere friptă de porc

(Gata in aproximativ 6 ore | Portie 4)

Cuprins

- 1 muschie medie de porc
- 2 cepe dulci, curatate de coaja si feliate
- 4 cartofi mari, tăiați în sferturi
- 2 cani de morcovi
- 1 plic amestec de supă de ceapă
- 1 sticlă de bere (12 uncii).
- 5-6 ardei negri

Instrucțiuni

unu. Puneți muschiul de porc în oala de vas. Aranjați ceapa, cartofii și morcovii în jurul cărnii.

2. Stropiți cu amestecul de supă. turnați bere; apoi adauga boia de ardei.

3. Acoperiți și gătiți la foc mic timp de 6 ore. Împărțiți în patru farfurii de servire și serviți fierbinți.

supa picanta de pui

(Gata în aproximativ 8 ore | 8 porții)

Cuprins
- 1 sfert supa de pui
- 1 kg piept de pui, dezosat, fara piele, taiat cubulete
- 3 căni de porumb cu miez întreg
- 1/2 cană ceapă tocată, tocată mărunt
- 2 catei de usturoi, tocati
- 1 ardei gras verde, feliat subțire
- 1 lingurita de ardei jalapeno, tocat
- 1/2 linguriță frunze de cimbru uscat
- 1 lingurita rozmarin uscat
- Sarat la gust
- 1/4 lingurita piper negru, macinat
- 1 cană de lapte degresat 2%.
- 2 linguri de amidon de porumb

Instrucțiuni

unu.Combinați toate ingredientele, cu excepția laptelui și a amidonului de porumb, într-o oală de vase; Acoperiți și fierbeți la foc mic timp de aproximativ 8 ore.

2.Dați focul la mare, adăugați laptele combinat și amidonul de porumb și gătiți încă 5 minute, amestecând constant.

3.Ajustați condimentele și serviți cu crutoanele preferate de usturoi.

Supă de pui picant cu spanac

(Gata in aproximativ 5 ore | Portie 4)

Cuprins

- 1 cană de supă de pui
- 1 ½ cani de rosii conservate, tocate
- 1 ½ cană de năut, clătit și scurs
- 12 uncii piept de pui, dezosat, fără piele și cuburi
- 1 ceapa dulce medie, tocata
- 2 cartofi dulci, tăiați cubulețe
- 2 căni de spanac la pachet
- Sarat la gust
- 1/4 lingurita piper negru
- 1/2 lingurita boia

Instrucțiuni

unu. Amestecă toate ingredientele cu excepția spanacului în caserolă; se acoperă și se fierbe la foc mare timp de aproximativ 5 ore,

2. Amestecați spanacul; pune condimentele.

3. Împărțiți în boluri cu supă și serviți.

Supă de creveți cu avocado

(Gata in aproximativ 5 ore | Portie 4)

Cuprins
- 2 pahare cu apa
- 1 plic amestec de supă de ceapă
- 1 ceapa rosie, tocata
- 1 roșie prune, tocată
- 3/4 linguriță praf de cinci condimente
- 1/8 linguriță de semințe de țelină
- 1/2 cană de orez cu bob lung
- 1 ½ cană de creveți, decojiți și tăiați la jumătate în cruce
- 1 avocado, taiat cubulete
- suc de 1 lămâie proaspătă
- Sarat la gust
- 1/2 lingurita boia
- 1/2 lingurita piper negru macinat

Instrucțiuni

unu.Combinați apa, amestecul de supă de ceapă, ceapa, roșiile, pudra cu cinci condimente și semințele de țelină într-o cratiță; Acoperiți și gătiți la foc mare timp de 5 ore.

2.Adăugați orezul cu bob lung în ultimele 2 ore de gătit; Adăugați creveții în ultimele 20 de minute.

3.Se amestecă restul ingredientelor. Se toarnă supa în boluri și se servește fierbinte.

Supă de creveți cu porumb și cartofi

(Gata in aproximativ 5 ore | Portie 4)

Cuprins

- 2 căni de porumb cu miez întreg
- 1 pahar de apă
- 2 cani de supa de pui
- 1 cutie (8 uncii) sos de roșii
- 1 ceapa dulce mare, tocata
- 2 catei de usturoi, tocati
- 3 cartofi Yukon medii, tăiați cubulețe
- 1 ardei gras rosu dulce, feliat
- 1/4 cană sherry uscat, opțional
- 3/4 linguriță praf de cinci condimente
- 1/4 linguriță de muștar uscat
- 1/4 lingurita de seminte de chimion macinate
- Câteva picături de sos Tabasco
- 1/2 cană lapte integral
- 1 ½ cană de creveți, decojiți și devenați
- Sarat la gust
- Piper negru după gust

Instrucțiuni

unu. Combină toate ingredientele, cu excepția creveților și a laptelui, în oala ta.

2. Acoperiți și gătiți la foc mare aproximativ 5 ore, adăugând lapte și creveți în ultimele 20 de minute.

3. Puneți în patru boluri cu supă și bucurați-vă.

Coaste de porc cu sos

(Gata în aproximativ 8 ore | 8 porții)

Cuprins

- 4 kilograme de coaste slabe de porc
- 1 ardei gras rosu, feliat
- 1 cana ceapa primavara, tocata
- 1/2 cană sos usturoi-piper
- 2 linguri de zahar brun
- 1/4 cană oțet de orez
- 1 lingura de vin rosu sec

Instrucțiuni

unu. Puneți coastele de porc în oala de vas. Aranjați felii de ardei gras în jurul coastelor de porc.

2. Combinați ingredientele rămase într-un bol de amestecare; Se bate bine pentru a combina.

3. Turnați acest amestec peste coaste. Gatiti acoperit timp de 8 ore.

4. Scoateți coastele de porc într-un platou de servire. Turnați sosul într-un castron mic de servire; scurgeți uleiul. Serviciu.

Coaste de porc cu sos dulce

(Gata în aproximativ 8 ore | Porție 4)

Cuprins

- 3 kilograme de coaste de porc
- 1 ceapă medie, tăiată cubulețe
- 3 catei de usturoi, tocati
- 1/2 cană sirop de artar
- 2 linguri sos tamari
- 3/4 linguriță praf de cinci condimente
- 1/2 linguriță de ghimbir măcinat
- 1/4 lingurita boia
- 1/2 lingurita rozmarin uscat
- sare de mare dupa gust
- 1/4 lingurita piper negru proaspat macinat

Instrucțiuni

unu. Puneți coastele de porc și ceapa în fundul vasului.

2. Apoi, adăugați ingredientele rămase.

3. Acoperiți și gătiți timp de 8 ore sau până când carnea de porc este suficient de fragedă pentru a se desprinde de os.

Carne de porc picant cu bacon canadian

(Gata in aproximativ 6 ore | Portie 4)

Cuprins
- 2 felii de bacon canadian
- 1 kilogram de umăr de porc, dezosat și degresat
- 1 cană de praz, tocat
- 2 catei de usturoi, tocati
- 1 cană de supă de pui
- 2 cani de rosii conservate, tocate
- 1 ½ cană de fasole conservată, clătită și scursă
- 2 tulpini de telina, feliate subtiri
- 3/4 linguriță amestec de condimente italian
- 1/2 lingurita de cimbru uscat
- Sarat la gust
- Piper negru proaspăt măcinat după gust

Instrucțiuni

unu.Tăiați slănina în bucăți mici. Prăjiți apoi slănina într-o tigaie antiaderentă la foc mediu-mare; Se prăjește timp de 2 minute sau până când grăsimea de slănină începe să se topească. Transferați în oala dvs. de vas.

2.Adăugați restul ingredientelor

3.Acoperiți și gătiți timp de 6 ore sau până când spatele de porc este fraged.

Carnea de porc moale şi picanta a mamei

(Gata in aproximativ 6 ore | Portie 4)

Cuprins

- 1 lingurita de ulei de masline
- 3 kg muschi de porc
- 1 cana ceapa primavara, tocata
- 4 catei de usturoi, tocati
- 1 pahar de apă
- 1/2 cană vin roşu uscat
- 1 plic amestec de supă de ceapă
- 1/4 cană suc de portocale
- 1 lingura chimen macinat
- 1 lingurita de piper cayenne macinat

Instrucţiuni

unu. Încinge uleiul într-o tigaie grea. Apoi, gătiţi carnea de porc timp de 1 până la 2 minute pe fiecare parte. Transferaţi într-o tavă.

2. Apoi, turnaţi ingredientele rămase peste carnea de porc. Acoperiţi cu un capac şi fierbeţi la foc mic timp de 6 ore.

3. Serviţi peste piure de cartofi.

Carne de porc în stil asiatic

(Gata în aproximativ 9 ore | Porție 6)

Cuprins

- 2 kg muschi de porc dezosat
- 1/4 cană vin alb sec
- 4 catei de usturoi
- 1 pahar de apă
- 1 lingurita de miere
- 3/4 linguriță praf de cinci condimente
- 2 linguri sos de soia închis la culoare
- 3 anason stelat întreg
- Sarat la gust

Instrucțiuni

unu. Încinge o tigaie antiaderentă la foc mediu-înalt. Gătiți rapid ambele părți ale cărnii de porc. Transferați într-o tavă.

2. Adăugați restul ingredientelor. Se amestecă ușor pentru a acoperi carnea de porc. Gatiti la foc mic timp de 8 pana la 9 ore.

3. Se pune anasonul stelat și se servește fierbinte.

carne de porc glazurată festivă

(Gata în aproximativ 8 ore | Porție 4)

Cuprins
- 1/4 cană cireșe uscate
- 2/3 cani de apa
- 2 linguri de vin alb sec
- 1/4 lingurita piper negru macinat
- 1/4 lingurita sare
- 1/8 linguriță nucșoară măcinată
- 1¼ kg muschi de porc

Instrucțiuni

unu. Într-un castron mic sau o ceașcă de măsurare, amestecați împreună cireșele uscate, apa, vinul, piperul, sarea și nucșoara.

2. Pune muschiul de porc într-o caserolă. Apoi turnați sosul peste carne.

3. Gatiti la foc mic timp de 8 ore. Se serveste fierbinte.

Chiftele de modă veche

(Gata în aproximativ 7 ore | Porție 8)

Cuprins

- 2 kilograme amestec de carne de vită și porc
- 1 ou
- 1 cană bulion de vită
- Sarat la gust
- 1/2 lingurita de piper negru
- 2 căni de crutoane condimentate zdrobite
- 1 ½ cană sos de roșii
- 2 linguri sos Worcestershire
- 1 lingura de otet balsamic

Instrucțiuni

unu. Într-un castron mare, combinați carnea de vită, ouăle, bulionul, sarea, piperul și crutoanele. Se amestecă bine pentru a se combina; apoi rulează-l într-o pâine.

2. Pune chiftelele în tava.

3. Într-un castron separat, amestecați sosul de roșii, sosul Worcestershire și oțetul balsamic. Turnați acest amestec peste chiftele.

4. Închideți capacul și gătiți la foc mic timp de 7 ore.

Chiftele ușoare delicioase

(Gata în aproximativ 8 ore | 8 porții)

Cuprins
- 1 ½ kilograme de carne de vită și de porc macră, amestecate
- 1 lingurita de sare
- 1/4 lingurita piper cayenne
- Piper negru măcinat după gust
- 1 ceapa, tocata marunt
- 1 tulpină de țelină, tocată mărunt
- 2 morcovi medii, rasi
- 1 ou mare
- 1 cană pastă de tomate
- 1/2 cană fulgi de ovăz cu gătire rapidă
- 1/2 cană biscuiți, mărunțiți
- spray de gătit antiaderent
- 1/3 cană de ketchup de roșii
- 1 lingura mustar

Instrucțiuni

unu.Într-un castron mare, puneți carnea, sarea, boia de ardei, piper negru, ceapa, țelina, morcovii, ouăle, pasta de roșii, fulgii de ovăz și biscuiții mărunțiți. Se amestecă bine pentru a se combina. Se modelează chiftelele și se lasă deoparte.

2.Aplicați spray de gătit antiaderent pe oala. Pune chiftelele în tava.

3.Într-un alt bol, amestecați ketchup-ul de roșii și muștarul; Întindeți acest amestec peste chiftele.

4.Acoperiți și gătiți la foc mic timp de 7 până la 8 ore, până când chiftelele sunt gătite.

5.Lăsați chiftelele să stea timp de 30 de minute înainte de a le tăia și a le servi.

Somon fiert cu ceapa

(Gata in aproximativ 1 ora | Portie 4)

Cuprins
- 2 linguri de unt, topit
- 1 ceapă mică, tăiată subțire
- 1 pahar de apă
- 1/2 cană supă de pui
- 4 fileuri de somon (6 uncii).
- 1 lingura de suc proaspat de lamaie
- 1 crenguță de mărar proaspăt
- sare de mare, dupa gust
- Piper negru măcinat după gust
- 1 lămâie, tăiată în sferturi pentru decor

Instrucțiuni

unu.Ungeți interiorul caserolei cu unt.

2.Puneți feliile de ceapă în oala; Se toarnă apă și supa de pui. Setați oala la mare și gătiți aproximativ 30 de minute.

3.Așezați fileurile de somon peste ceapa fiartă. Adăugați zeamă de lămâie și mărar proaspăt. Acoperiți și gătiți încă 30 de minute, până când somonul devine opac. Asezonați cu sare și piper.

4.Decorați cu lămâie și bucurați-vă!

Sunday Crab Supreme

(Gata în aproximativ 2 ore și 30 de minute | Porție 8)

Cuprins
- 2 cani de smantana
- 2 cani de maioneza
- 1/4 cană sherry uscat
- 2 linguri de suc proaspăt de lămâie
- 1/4 cana coriandru proaspat, tocat
- 2 linguri pline de patrunjel, tocat
- 2 kilograme de carne de crab
- 1/2 lingurita busuioc uscat
- 1 lingurita rozmarin uscat
- Sarat la gust
- Piper negru, dupa gust

Instrucțiuni

unu.Pune primele patru ingrediente în oala ta. Bateți pentru a amesteca; Gatiti la foc mic timp de 2 ore.

2.Adăugați ingredientele rămase. Acoperiți și fierbeți la foc mic până când carnea de crab este încălzită sau aproximativ 30 de minute.

3.Serviți cu cartofi fierți, dacă doriți.

Supă bogată de roșii de creveți

(Gata în aproximativ 5 ore | Porție 6)

Cuprins
- 3 căni de porumb cu miez întreg
- 1 cană suc de roșii
- 2 cani de supa de pui
- 1 pahar de suc de stridii
- 2 cartofi rosii mari, curatati si taiati cubulete
- 1 cana ceapa rosie, tocata
- 1 ardei gras verde, tocat
- 2 catei de usturoi, tocati
- 1/4 cană sherry uscat, opțional
- 1 lingurita busuioc uscat
- 1/2 lingurita de cimbru uscat
- 1/4 lingurita boia
- Sarat la gust
- 1/2 lingurita piper negru macinat
- 1 ½ cani de creveți fierți tăiați pe jumătate, decojiți și devenați
- 1/2 cană lapte integral

Instrucțiuni

unu. Pune toate ingredientele, cu excepția creveților și a laptelui, în tava.

2. Acoperiți cu un capac potrivit și gătiți la foc mare timp de 4-5 ore, adăugând creveți și lapte în ultimele 15 minute.

3. Ajustați condimentele după gustul dvs. și serviți.

Supă de creveți, fasole și porumb

(Gata în aproximativ 4 ore | Porție 8)

Cuprins

- 1 ½ cană bulion de pui
- 2 cani de porumb
- 2 conserve (15 ½ uncii) de fasole Great Northern, clătită și scursă
- 1/4 cană ceapă primăvară, tocată
- 1/4 lingurita de seminte de chimen, macinate
- 1/4 linguriță de muștar uscat
- 1 cană de lapte degresat 2%.
- 2 linguri de amidon de porumb
- Sarat la gust
- 1/2 lingurita fulgi de ardei rosu, macinati
- 1/2 lingurita rozmarin uscat
- 1 ½ kg de creveți, decojiți și devenați

Instrucțiuni

unu.Combinați bulionul, porumbul, fasolea, ceaiul verde, semințele de chimen și muștarul în oala dvs.

2.Gatiti la foc mare aproximativ 4 ore.

3.Într-un castron mediu, amestecați laptele, amidonul de porumb, sarea, boia de ardei și rozmarinul.

4.Adăugați amestecul de lapte și creveții în oala de gătit în ultimele 20 de minute de gătire.

5.Decorați cu felii de lămâie și stropiți cu puțină boia de ardei, dacă doriți. Bucurați-vă!

Deliciu de vară cu fructe de mare

(Gata în aproximativ 4 ore | Porție 8)

Cuprins
- 1 pahar bulion de peste
- 1/2 cană de apă
- 1 ½ cană de roșii, nescurcate și tocate
- 2 cartofi mari Yukon gold, tăiați cubulețe
- 1 cana ceapa primavara, tocata
- 1 lingurita praf de usturoi
- 1/2 lingurita praf de ceapa
- 1/2 lingurita de cimbru uscat
- 1 lingurita frunze uscate de tarhon
- 1/2 lingurita piper cayenne
- 1 cană coadă de homar, fiartă și tăiată în bucăți mici
- 1/2 cană de creveți mici, curățați și devenați
- 1 cană de lapte integral
- Sarat la gust
- Piper negru după gust
- boia după gust
- Coriandru proaspăt ca garnitură

Instrucțiuni

unu.Turnați bulionul de pește și apă în oala de vas. Se adauga apoi rosiile, cartofii, praful de ceapa, pudra de usturoi, cimbrul, tarhonul si boia de ardei.

2.Apoi, acoperiți și gătiți la foc mic timp de 4 ore.

3.Adăugați ingredientele rămase, cu excepția coriandru, în ultimele 10 minute de gătire.

4.Stropiți cu coriandru proaspăt tocat și bucurați-vă de supa de vară!

Supă de homar de legume

(Gata în aproximativ 4 ore | Porție 8)

Cuprins

- 1/2 cană de apă
- 1 pahar de suc de stridii
- 1/2 cana rosii prune, tocate
- 1/2 cană suc de roșii
- 1 morcov mare, tocat
- 1 tulpina de telina, tocata
- 1 cana ceapa primavara, tocata
- 1 lingurita praf de usturoi
- 1/2 linguriță amestec de condimente italian
- 1/4 lingurita Ancho Chile, macinata
- 1 lingurita frunze uscate de tarhon
- 1 cană de carne de homar, fiartă și tăiată în bucăți mici
- 1/2 cană de creveți mici, curățați și devenați
- 1 cană de lapte integral
- Sarat la gust
- Piper negru după gust
- Pătrunjel proaspăt ca garnitură

• Felii de lămâie ca garnitură

Instrucțiuni

unu.Combinați apa, sucul de scoici, roșiile, sucul de roșii, morcovii, țelina, ceapa verde, pudra de usturoi, amestecul de condimente italian, Ancho Chile și frunzele de tarhon într-o caserolă.

2.Coborâți oala și gătiți supa timp de aproximativ 4 ore.

3.Adăugați ingredientele rămase, cu excepția pătrunjelului și a feliilor de lămâie; Gatiti inca 10 minute.

4.Se servesc ornat cu patrunjel proaspat si felii de lamaie.

Scoici delicioase și supă de cartofi

(Gata în aproximativ 4 ore | Porție 4)

Cuprins
- 1 pahar de suc de stridii
- 1/2 cană de apă
- 1/2 cană vin alb sec
- 2 cartofi rosii mari, curatati si taiati cubulete
- 1 catel de usturoi, tocat
- 1 kilogram de scoici de dafin
- 1/2 cană lapte (2% grăsime redusă)
- 1/2 lingurita chimen
- Sarat la gust
- Fulgi de chili roșii ca garnitură

Instrucțiuni

unu. Pune primele cinci ingrediente într-o caserolă; Apoi, acoperiți și gătiți la foc mare timp de 3 până la 4 ore.

2. Procesați acest amestec într-un blender până când este omogen și cremos; întoarce-te la oala de vase.

3. Se amestecă toate celelalte ingrediente, cu excepția fulgilor de ardei roșu. Acoperiți și coaceți până când scoicile sunt fierte sau aproximativ 10 minute.

4. Împărțiți în boluri cu supă, stropiți cu fulgi de ardei roșu și serviți fierbinți.

Frittata de dovlecel picant delicioasă

(Gata în aproximativ 6 ore | Porție 6)

Cuprins

- 2 linguri ulei de cocos, topit
- 1 pâine, tăiată cubulețe mici
- 1 cana crema de branza
- 1 cană dovlecel, tocat
- 2 banane, feliate
- 1 cana nuci, tocate grosier
- 8 ouă
- 1 cană jumătate și jumătate
- 2 linguri de miere cruda
- 1/2 lingurita de scortisoara macinata
- 1/4 lingurita cardamom ras
- 1/2 lingurita ienibahar
- 1 lingurita de condiment de dovleac

• Zahăr pudră pentru decorare

Instrucțiuni

unu. Acoperiți interiorul unui vas cu ulei de cocos.

2. Pune 1/2 pâine în tava. Apoi adăugați 1/2 din crema de brânză.

3. Apoi întindeți uniform 1/2 din dovleacul ras. Puneți 1 felie de banană deasupra dovleacului. Presarati 1/2 din nuca macinata peste banane.

4. Repetați straturile încă o dată.

5. Într-un castron mediu, bateți ouăle cu celelalte ingrediente, cu excepția zahărului pudră. Se toarnă acest amestec peste straturile din oala ta.

6. Gatiti la foc mic timp de 6 ore cu capacul inchis. Stropiți-vă frittata cu zahăr pudră și serviți!

Terci picant pentru dimineţile ocupate

(Gata în aproximativ 8 ore | 8 porţii)

Cuprins

- 2 căni de ovăz tăiat din oţel
- 6 pahare cu apă
- 2 cani de lapte
- 1 lingura suc de portocale pur
- 1 cană caise uscate, tocate
- 1 cana curmale, tocate
- 1 cană stafide, tocate
- 1/2 lingurita de ghimbir
- 1 lingurita scortisoara macinata
- 1/8 lingurita cuisoare
- 1/4 cană sirop de arţar
- 1/2 boabe de vanilie

Instrucțiuni

unu.Combinați toate ingredientele într-o oală de vase.

2.Coborâți oala de vas și lăsați-o peste noapte.

3.Dimineața, amestecați terciul pregătit, răzuind părțile laterale și fundul. Serviți cu dulceață sau restul de oua, dacă doriți.

Terci de iarnă de familie

(Gata în aproximativ 9 ore | Porție 8)

Cuprins

- 7 pahare cu apă
- 2 căni de ovăz irlandez tăiat din oțel
- 1 lingurita coaja de lamaie
- 1 cană de stafide
- 1 cană de afine uscate
- 1 cană cireșe uscate
- 1 lingura de nuca de cocos tocata
- 1/2 lingurita de ghimbir
- 1 lingurita ienibahar
- 1/8 lingurita nucsoara rasa
- 1/4 cană miere
- 1/2 boabe de vanilie

Instrucțiuni

unu.Pune toate ingredientele într-o caserolă; Setați oala de ghiveci la scăzut.

2.Gatiti peste noapte sau timp de 8 pana la 9 ore.

3.Mâine, amestecați terciul și împărțiți-l în opt boluri de servire. Serviți cu o bucată de frișcă și alune prăjite, dacă doriți.

Făină de ovăz cu mere uimitoare cu prune uscate

(Gata în aproximativ 7 ore | Porție 8)

Cuprins

- 2 căni de ovăz tăiat din oțel
- 1 pahar de suc de mere
- 5 pahare cu apă
- 1/2 cană mere uscate
- 1/4 cană afine uscate
- 1/4 cană prune uscate
- 1/4 cană sirop de arțar
- 1 lingurita ienibahar
- vârf de cuțit de sare

Instrucțiuni

unu.Adăugați toate ingredientele într-un vas de caserolă.

2.Coborâți o oală de vas; gătiți fulgi de ovăz timp de aproximativ 7 ore.

3.Se servește fierbinte cu smântână groasă deasupra, dacă se dorește.

Gustări delicioase cu caju

(Gata în aproximativ 2 ore și 30 de minute | Porție 24)

Cuprins
- 6 căni de caju
- 3 linguri de unt, topit
- 1 lingura de zahar brun
- vârf de cuțit de sare
- 2 linguri de cimbru uscat
- 3 linguri de frunze uscate de rozmarin
- 3/4 lingurita boia
- 1/2 lingurita praf de ceapa
- 1/2 lingurita praf de usturoi

Instrucțiuni

unu. Încinge oala la foc maxim timp de 15 minute; apoi adaugati nucile. Peste caju se stropesc unt topit.

2. Se presară caju cu condimentele combinate și se amestecă.

3. Acoperiți cu un capac și fierbeți la foc mic aproximativ 2 ore, amestecând la fiecare oră.

4. Apoi gatiti si gatiti inca 30 de minute, amestecand din cand in cand.

5. Se serveste rece sau la temperatura camerei.

Miere Curry Nuci Caju

(Gata în aproximativ 2 ore și 30 de minute | Porție 24)

Cuprins
- 3 căni de caju, întregi
- 1 lingura de sare de mare
- 1 lingura de miere
- 1 lingurita fulgi de ardei rosu, macinati
- 2 linguri de pudră de curry
- 2 linguri de apa
- 1 lingurita de ulei de masline

Instrucțiuni

unu.Puneți o oală la mare și adăugați caju.

2.Adăugați ingredientele rămase și amestecați pentru a se combina.

3.Gatiti la foc mic aproximativ 2 ore, amestecand la fiecare ora. Deschideți capacul și gătiți încă 30 de minute, amestecând din când în când. Serviciu.

Petrecere Piper Migdale

(Gata în aproximativ 2 ore și 30 de minute | Porție 24)

Cuprins
- 6 căni de migdale întregi
- 4 linguri margarina, topita
- 1/2 lingurita turmeric
- 1 lingurita praf de usturoi
- 1 lingurita piper negru sau rosu macinat
- 1 lingurita piper verde macinat

Instrucțiuni

unu. Se încălzește o oală de vase la mare timp de 15 minute; apoi adauga migdalele.

2. Se stropesc margarina topita peste migdale si se amesteca pentru a se combina; se presară cu turmeric, pudră de usturoi și piper negru; aruncă-l din nou. Reduceți căldura la minim; gatiti 2 ore acoperit; Se amestecă la fiecare 30 de minute.

3. Apoi, dați focul la mare; Gatiti si gatiti inca 30 de minute, amestecand la fiecare 15 minute.

4. Puteți păstra gustarea într-un recipient sigilat timp de până la 3 săptămâni.

Mix curry pentru petrecere

(Gata în aproximativ 2 ore și 30 de minute | Porție 24)

Cuprins
- 1 cană nuci
- 1 cană de migdale
- 1 cană alune
- 1 cană de semințe de floarea soarelui decojite
- 4 linguri margarina, topita
- 2 linguri de zahar
- 1 lingură de pudră de curry
- 1 lingurita praf de usturoi
- 1 linguriță de ienibahar măcinat

Instrucțiuni

unu.Puneți oala de vase la mare timp de 15 minute; Adăugați nuci și semințe.

2.Stropiți margarina și amestecați pentru a acoperi;

3.Adăugați ingredientele rămase combinate. Acoperiți și gătiți la foc mic timp de aproximativ 2 ore; Se amestecă la fiecare 20 de minute.

4.Dați focul la mare; ridicați un capac și gătiți încă 30 de minute, amestecând după 15 minute.

5.Puteți păstra această gustare într-un recipient sigilat până la 3 săptămâni.

Lovitură de pui cu dovleac

(Gata în aproximativ 4 ore | Porție 6)

Cuprins

- 3 piepti de pui medii, taiati in jumatate
- 1 cană de lapte de migdale
- 1/4 cană de apă
- 1/4 cană suc de lămâie
- 2 catei de usturoi, tocati
- 1 ceapa medie, tocata
- Sarat la gust
- boia de ardei, după gust
- 1 lingurita de ghimbir macinat
- 1 lingurita chimen macinat
- 1 kilogram de dovlecel, feliat
- 1 lingura de faina de porumb
- 2 linguri de apa
- 1/3 cana patrunjel proaspat, tocat
- 4 căni de orez, fiert

Instrucțiuni

unu.Pune toate ingredientele în oala ta, cu excepția dovlecelului, a porumbului, a apei, a pătrunjelului și a orezului.

2.Acoperiți și gătiți la foc mic aproximativ 4 ore, adăugând dovlecel în ultimele 30 de minute de gătire. Rezervă pieptul de pui.

3.Dați focul la mare și continuați să gătiți timp de 10 minute; Se amestecă făina de porumb și apa, amestecând timp de aproximativ 3 minute.

4.Se presara patrunjel; Serviți peste orez.

Pui de sărbătoare din Cornish

(Gata in aproximativ 6 ore | Portie 4)

Cuprins

- 2 pui Cornish congelați, decongelați
- 1/2 lingurita sare de mare
- 1/4 lingurita piper negru macinat
- 1/2 lingurita piper cayenne
- 1 catel de usturoi, tocat
- 1/3 cana supa de pui
- 2 linguri de porumb
- 1/4 cană de apă

Instrucțiuni

unu. Stropiți puii din Cornish cu sare, piper și boia; Adăugați usturoiul tocat și puneți-l într-o cratiță. Se toarnă în bulion de pui.

2. Acoperiți și gătiți la foc mic timp de 6 ore. Scoateți și depozitați puii din Cornish.

3. Se amestecă făina de porumb și apa combinată timp de 2 până la 3 minute; serviciu.

Somon cu sos de capere

(Gata în aproximativ 45 de minute | Porție 4)

Cuprins
- 1/2 cană vin alb sec
- 1/2 cană de apă
- 1 ceapă galbenă, feliată subțire
- 1/2 lingurita de sare
- 1/4 lingurita piper negru
- 4 fripturi de somon
- 2 linguri de unt
- 3 linguri de faina
- 1 cană de supă de pui
- 2 lingurite de suc de lamaie
- 3 linguri de capere

Instrucțiuni

unu.Amesteca vinul, apa, ceapa, sare si piper intr-o cratita; Acoperiți și gătiți la foc mare timp de 20 de minute.

2.Adăugați friptura de somon; Acoperiți și gătiți până când somonul este fraged sau aproximativ 20 de minute.

3.Pentru a face sosul, topiți untul într-o tigaie mică la foc mediu. Se amestecă făina și se fierbe timp de 1 minut.

4.Se toarnă supa de pui și zeama de lămâie; Bateți timp de 1-2 minute. Adăugați capere; Serviți sosul cu somon.

Pâine de somon cu ierburi cu sos

(Gata în aproximativ 5 ore | Porție 4)

Cuprins

Pentru chiftele cu somon:
- 1 cană de pesmet proaspăt
- 1 conserve (7 ½ uncii) de somon, scurs
- 1/4 cana ceapa primavara, tocata
- 1/3 cană lapte integral
- 1 ou
- 1 lingura de suc proaspat de lamaie
- 1 lingurita rozmarin uscat
- 1 lingurita coriandru macinat
- 1/2 linguriță schinduf
- 1 linguriță de semințe de muștar
- 1/2 lingurita de sare
- 1/4 lingurita piper alb

Pentru sos:
- 1/2 cana castravete, tocat
- 1/2 cană iaurt simplu cu conținut scăzut de grăsimi
- 1/2 linguriță iarbă de mărar

•Sarat la gust

Instrucțiuni

unu.Tapetați oala cu o bucată de folie.

2.Se amestecă toate ingredientele pentru chiftelele cu somon până se amestecă totul bine; Se modelează o pâine și se pune într-o tavă.

3.Acoperiți cu un capac potrivit și fierbeți la foc mic timp de 5 ore.

4.Combinați toate ingredientele pentru sos; Bateți pentru a combina.

5.Serviți-vă chiftelele cu sosul pe care l-ați pregătit.

Lazy Man Mac and Cheese

(Gata în aproximativ 4 ore | Porție 4)

Cuprins

- spray de gătit antiaderent cu aromă de unt
- 16 uncii paste la alegere
- 1/2 cană unt, topit
- 1 cutie de lapte evaporat (12 uncii).
- 1 pahar cu apa Lapte
- 4 căni de brânză Colby jack, rasă

Instrucțiuni

unu. Ungeți ușor o oală cu spray de gătit.

2. Mai întâi, gătiți pastele preferate conform rețetei de pe ambalaj; clătiți și scurgeți; se transferă în caserolă.

3. Adăugați restul ingredientelor și amestecați bine. Gatiti 3-4 ore la foc mic. Bucurați-vă!

Pui mediteranean cu dovlecel

(Gata în aproximativ 8 ore | Porție 4)

Cuprins
- 4 piepti de pui medii, fara piele
- 2 cani de rosii tocate marunt
- 1 cub de stoc
- 1/2 cană vin alb sec
- 1/2 cană de apă
- 1 dovlecel mediu, feliat
- 1 ceapa mare, tocata
- 1/3 cana bulbi de fenicul, tocati
- 1 lingurita chimen macinat
- 1 lingurita de frunze uscate de busuioc
- 1 frunză de dafin
- Un praf de piper negru
- 1/4 cană măsline, fără sâmburi și feliate
- 1 lingurita de suc de lamaie
- 3 căni de orez fiert

Instrucțiuni

unu. Pune toate ingredientele într-o oală, cu excepția măslinelor, sucul de lămâie și orezul fiert; se acopera si se fierbe la foc mic aproximativ 8 ore, se adauga maslinele fara samburi in ultimele 30 de minute ale timpului de fierbere.

2. adăugați suc de lămâie; Aruncați frunza de dafin. Serviți peste orez fiert și bucurați-vă.

Dovleac spaghetti umplut mediteranean

(Gata în aproximativ 8 ore | Porție 4)

Cuprins

- 1 dovleac spaghetti mediu, tăiat în jumătate pe lungime și semințele îndepărtate
- 2 roșii rom, tocate
- 2 conserve (6 uncii) de ton în apă, scurs și tăiat cubulețe
- 1 lingurita de frunze uscate de busuioc
- 1 lingurita frunze de cimbru uscat
- 1/2 lingurita de cimbru uscat
- Sarat la gust
- piper negru, dupa gust
- ardei cayenne, dupa gust
- 1/2 cană de apă
- 1/4 cană Pecorino Romano, ras

Instrucțiuni

unu.Pune jumătate de dovlecel pe o farfurie.

2.Combinați toate ingredientele, cu excepția apei și a Pecorino Romano, într-o ceașcă de măsurare sau un bol de amestecare. Împărțiți acest amestec în jumătate de dovlecel și puneți-l în tava.

3.Adăugați apă în oala; Acoperiți și gătiți la foc mic timp de 6 până la 8 ore.

4.Se presara cu Pecorino Romano si se serveste.

Caserolă de roșii zilnică

(Gata în aproximativ 3 ore | 6 porții)

Cuprins

- 8 uncii de paste, fierte
- 1 conserve (16 uncii) roșii mici tăiate cubulețe, scurse
- 1/2 cană de praz, tocat
- 1 cană de lapte integral
- 1 pahar de apă
- 1 lingura de faina de porumb
- 3 oua, batute usor
- 1/2 cană brânză ascuțită, rasă
- 1/2 lingurita de scortisoara macinata
- Sarat la gust
- Boia ca garnitură

Instrucțiuni

unu. Combinați pastele, roșiile și prazul într-o oală.

2. Amestecați restul ingredientelor, cu excepția ardeiului roșu, într-un castron; Se toarnă peste pastele în caserolă.

3. Gatiti la foc mic aproximativ 3 ore sau pana cand crema se intareste; Împărțiți în farfurii de servire și presărați ardei iute deasupra.

Caserolă de paste cu patru brânzeturi

(Gata în aproximativ 3 ore | 8 porții)

Cuprins

- spray de gătit antiaderent cu aromă de unt
- 3 căni de lapte plin de grăsime
- 1/3 cană făină universală
- 1 cană Colby-Jack, mărunțită
- 1 cană mozzarella redusă în grăsimi, rasă
- 1 cană brânză cheddar, rasă
- 1 kilogram de paste, fierte al dente
- 1/2 cană de parmezan

Instrucțiuni

unu. Tratați un vas de caserolă cu spray de gătit.

2. Într-un castron mare, amestecați laptele și făina până se omogenizează; Adăugați ingredientele rămase, cu excepția macaroanelor și a parmezanului.

3. Se amestecă pastele și se stropesc cu parmezan.

4. Acoperiți și gătiți la foc mic timp de 3 ore.

Caserolă cremoasă cu tăiței de legume

(Gata în aproximativ 5 ore | Porție 6)

Cuprins

- 1 cană de lapte degresat 2%.
- 1 ½ cani supa crema de ciuperci
- 2 linguri maioneza, grasimi reduse
- 1 cană brânză procesată, rasă
- 1 ardei gras verde
- 1 morcov mare, tocat
- 1/3 tulpina de telina, tocata
- 1/3 cana ceapa, tocata
- 1/4 lingurita sare de mare
- 1/4 lingurita piper negru macinat
- 6 uncii tăiței, gătiți al dente
- 1/2 cană de năut
- 1 lingura de unt
- 1/3 cană pesmet proaspăt
- 1/3 cana nuci de pin, tocate

Instrucțiuni

unu.Într-o oală, combinați primele zece ingrediente.

2.Amestecați tăițeii fierți; Acoperiți cu un capac potrivit și gătiți la foc mic timp de 5 ore. Adăugați năutul în ultimele 30 de minute de gătire.

3.Topiți untul într-o tigaie de fontă la foc mediu; Gatiti pesmetul si nucile de pin timp de aproximativ 5 minute. Se presara peste caserola pregatita si se serveste!

Paste Bolognese de modă veche

(Gata în aproximativ 7 ore | Porție 6)

Cuprins
- 1/2 kg carne de porc
- 1/2 kg carne de vita tocata
- 1/4 cană ceapă, tocată
- 3 catei de usturoi, tocati
- 1/4 cana morcovi, tocati
- 1 1/2 lingurițe de condimente italiene uscate
- 1 conserve (8 uncii) sos de roșii, nescurcat
- 1 roșie mare, tăiată cubulețe
- 1/4 cană vin roșu sec
- 1 lingurita sare de mare
- 1/4 lingurita piper
- 1/4 lingurita piper cayenne
- 12 uncii spaghete, fierte

Instrucțiuni

unu.Într-o tigaie grea antiaderentă, rumeniți carnea de vită timp de 8 minute la foc mediu; piure cu o furculiță.

2.Adăugați ingredientele rămase, cu excepția spaghetelor, în caserolă. Acoperiți și gătiți la foc mic timp de 6 până la 7 ore.

3.Sosul preparat pe spaghete se serveste fierbinte cu o oala.

Enchiladas tradiționale mexicane

(Gata în aproximativ 1 oră și 15 minute | Porție 6)

Cuprins

- 1 kilogram amestec de carne de vită și porc
- 3 felii de bacon canadian, tocate
- 1 ¼ cană de apă
- 1 pachet (1 uncie) amestec de condimente pentru taco
- 1 cană salsa gros
- 2 cani de supa de pui
- sare de mare, dupa gust
- 4 căni de amestec de brânză mexicană, rasă
- 10 tortilla de porumb, tăiate în sferturi

Instrucțiuni

unu.Gatiti carnea de vita si baconul intr-o cratita mare la foc mediu. Coaceți până când devine auriu sau aproximativ 10 minute.

2.Într-un castron mediu, combinați apa, amestecul de condimente pentru taco, salsa, supa de pui, sarea și 2 căni de brânză.

3.Pune un strat de tortilla pe fundul unei caserole. Se pune un strat de carne de vita tocata si se toarna deasupra un strat de amestec de salsa.

4.Repetați straturile încă o dată, terminând cu stratul de tortilla. Acoperiți cu restul de 2 căni de brânză.

5.Acoperiți cu un capac; Gatiti 1 ora la foc mare.

Piept de pui umplut

(Gata in aproximativ 3 ore | Portie 4)

Cuprins

- 1/2 cană brânză ascuțită, rasă
- 1 ardei gras rosu, tocat
- 1 ardei gras verde, tocat
- 1 ardei gras galben, tocat
- 2 linguri pline de patrunjel proaspat, tocat
- 1/4 cana coriandru, tocat
- 1/4 cana rosii, tocate
- 1/2 lingurita boia
- 1/2 lingurita sare de telina
- 4 piepti mici de pui, dezosati si macinati pana la 1/4 inch grosime

Instrucțiuni

unu. Amestecă toate ingredientele, cu excepția puiului, într-un castron.

2. Întindeți acest amestec peste pieptul de pui. Înfășurați strâns pieptul de pui și fixați cu scobitori sau frigarui.

3. Aranjați rulourile de pui în caserolă. Acoperiți și gătiți la foc mare timp de 3 ore.

Paste cu sos de rosii

(Gata în aproximativ 7 ore | Porție 6)

Cuprins

- 4 rosii mari, tocate
- 1 ceapa galbena mare, tocata marunt
- 2 catei de usturoi, tocati
- 1/2 cană vin roșu sec
- 2 linguri de ketchup de roșii
- 1 lingura de zahar brun
- 1 lingurita frunze de cimbru uscat
- 1 lingurita de seminte de telina
- 1 lingurita frunze de cimbru uscat
- 1/8 lingurita boia
- 1/4 linguriță sare kosher
- 12 uncii de paste, fierte și fierbinți

Instrucțiuni

unu. Combină toate ingredientele, cu excepția pastelor, în oala ta.

2. Acoperiți și gătiți la foc mic timp de 7 ore.

3. Puneți sosul peste paste și savurați.

Farfalle cu sos de ciuperci

(Gata în aproximativ 8 ore | 6 porții)

Cuprins

- 1 ceapa, tocata marunt
- 2 catei de usturoi, tocati
- 1 roșie prune medie, tocată
- 1 ½ cani supa crema de ciuperci
- 2 linguri de ketchup de roșii
- 1 lingura de zahar brun
- 1 lingurita frunze de cimbru uscat
- 1 cană de ciuperci, feliate subțiri
- 1 lingurita de frunze uscate de busuioc
- 1/4 linguriță sare kosher
- 1/4 lingurita piper negru macinat
- 12 uncii Farfalle, fierte și fierbinți

Instrucțiuni

unu. Pune toate ingredientele cu excepția farfalle într-o tavă.

2. Acoperiți cu un capac și fierbeți la foc mic aproximativ 8 ore.

3. Peste farfalle se toarnă un polonic de sos de ciuperci și se servește.

Nordul Italiei Risi Bisi

(Gata în aproximativ 1 oră și 30 de minute | Porție 4)

Cuprins
- 1 pahar de apă
- 2 căni de suc de legume
- 1/2 cana ceapa verde, tocata marunt
- 2 catei de usturoi, tocati
- 1 ½ cană de orez
- 1 lingurita frunze de cimbru uscat
- 1 lingura de frunze uscate de busuioc
- Piper negru, dupa gust
- ardei cayenne, dupa gust
- 8 uncii de mazăre verde, tăiată
- 1 lingurita de suc proaspat de lamaie
- 1/2 cană parmezan, ras

Instrucțiuni

unu. Pune toate ingredientele, cu excepția mazării verzi, sucul de lămâie și brânza într-o oală.

2. Acoperiți și gătiți la foc mare timp de aproximativ 1 ¼ oră sau până când lichidul este aproape absorbit. Adăugați mazăre verde în ultimele 15 minute de gătire.

3. Se amestecă cu suc de lămâie și brânză; Împărțiți în farfurii de servire și serviți.

Risotto cu pecorino și mazăre verde

(Gata în aproximativ 1 oră și 30 de minute | Porție 4)

Cuprins
- 2 căni de suc de legume
- 1 cană suc de roșii
- 1/2 cană eșalotă, tocată mărunt
- 2 catei de usturoi, tocati
- 1 ½ cani de pui fiert, taiat cubulete
- 1 ½ cană de orez
- 1 lingurita condiment italian uscat
- Sarat la gust
- Piper negru, dupa gust
- Piper, după gust
- 8 uncii de mazăre verde, tăiată
- 1/2 cană brânză Pecorino, rasă

Instrucțiuni

unu. Pune toate ingredientele, cu excepția mazării și a brânzei Pecorino în oala ta.

2. Așeza; Gatiti la foc mare timp de aproximativ 1 ora si 30 de minute, adaugati mazarea verde in ultimele 15 minute de timp de gatire.

3. Adăugați brânza și serviți fierbinte.

Risotto cu dovlecei și dovlecei galbeni

(Gata în aproximativ 1 oră și 25 de minute | Porție 4)

Cuprins
- 3 căni de bulion de legume
- 1 ceapa medie, tocata
- 2 catei de usturoi, tocati
- 1 cană ciuperci cremini feliate
- 1 lingurita rozmarin uscat
- 1 ½ cană de orez cu bob scurt
- 1 cană dovlecel, tăiat cubulețe
- 3/4 cană dovleac galben de vară, tăiat cubulețe
- 1 cartof dulce, curatat cubulete
- 1/4 cană brânză Pecorino, rasă
- 1/2 lingurita sare de mare
- 1/2 lingurita piper negru macinat
- 1/2 lingurita piper cayenne

Instrucțiuni

unu. Luați toate ingredientele, cu excepția brânzei, în caserola dvs.

2. Acoperiți și gătiți aproximativ 1 ¼ oră sau până când orezul este al dente.

3. Se amestecă brânza; Împărțiți în patru farfurii de servire și savurați.

Plăcintă cu ouă cu ciuperci

(Gata în aproximativ 4 ore | Porție 4)

Cuprins
- 4 ouă mari
- 1/4 cană făină universală
- 1/2 lingurita de praf de copt
- 1/4 lingurita sare
- 1/8 lingurita piper negru proaspat macinat
- 2 căni de brânză Colby Jack, rasă
- 1 cană de brânză de vaci cu conținut scăzut de grăsimi
- 1 ardei chipotle, tocat
- 1 cană de ciuperci, feliate
- 1/2 lingurita rozmarin uscat
- 1/2 lingurita frunze de busuioc uscat

Instrucțiuni

unu. Într-un castron mare, bate ouăle până devin spumos; Amestecați făina, praful de copt, sare și piper negru măcinat. Se amestecă ingredientele rămase.

2. Turnați amestecul în vasul uns cu uns; Acoperiți și gătiți la foc mic timp de aproximativ 4 ore.

3. Împărțiți în patru platouri de servire și bucurați-vă!

Risotto cu mere aromat

(Gata în aproximativ 9 ore | Porție 6)

Cuprins

- 1/4 cană unt, topit
- 1 ½ cană de orez Arborio
- 3 mere, fără miez și feliate
- 1/4 lingurita de nucsoara proaspat macinata
- 1/4 linguriță cuișoare măcinate
- 1 lingurita scortisoara macinata
- 1/3 cană zahăr brun
- vârf de cuțit de sare
- 1 pahar de suc de mere
- 2 căni de lapte plin de grăsime
- 1 pahar de apă

Instrucțiuni

unu. Adăugați untul și orezul în tigaie.

2. Apoi adăugați ingredientele rămase; amestecați pentru a combina.

3. Acoperiți și gătiți la foc mic timp de 9 ore. Serviți cu fructe uscate, dacă doriți.

Sufleu sarat delicios

(Gata în aproximativ 3 ore | 8 porții)

Cuprins

- 8 felii de pâine
- 8 uncii de brânză Cheddar, rasă
- 8 uncii de brânză mozzarella, rasă
- spray de gătit antiaderent
- 2 căni de lapte evaporat degresat
- 4 ouă
- 1/4 linguriță ienibahar

Instrucțiuni

unu. Tăiați pâinea în bucăți și rezervați.

2. Combinați brânzeturile și rezervați.

3. Ungeți oala cu spray de gătit antiaderent. Apoi adăugați pâinea și brânza. Se amestecă pentru a se combina.

4. Într-o ceașcă de măsurat sau un castron, amestecați laptele, oul și ienibaharul. Se toarnă peste pâinea și brânza în oala de vas. Gatiti la foc mic timp de 2-3 ore.

5. Se serveste presarat cu masline fara samburi si tocate, daca se doreste.

Spaghete cu sparanghel și fasole

(Gata în aproximativ 3 ore | 8 porții)

Cuprins

- 1 conserve (15 uncii) de fasole Great Northern, clătită și scursă
- 3/4 cani bulion de legume
- 2 rosii, prune tocate
- 1 morcov, tocat
- 1 lingurita de frunze uscate de busuioc
- 1 lingurita frunze uscate de rozmarin
- Piper si sare dupa gust
- 1 kilogram de sparanghel, feliat
- 8 uncii spaghete, fierte
- 1/2 cană parmezan ras

Instrucțiuni

unu. Combină toate ingredientele în oala ta, cu excepția sparanghelului, spaghetelor și brânzei.

2. Adăugați sparanghelul în ultimele 30 de minute de gătire și gătiți la foc mic aproximativ 3 ore.

3. Ajustați condimentele după gust, apoi adăugați spaghetele și parmezanul; serviciu.

Fasole verde ușoară delicioasă

(Gata în aproximativ 4 ore | Porție 8)

Cuprins

- 1 kg de fasole verde
- 4 rosii mari, tocate
- 1/2 cană eșalotă, tocată
- 3 catei de usturoi, tocati
- 1 lingurita de frunze uscate de busuioc
- 1 lingurita rozmarin uscat
- 1/2 lingurita sare de telina
- 1/4 lingurita piper negru
- 1/4 lingurita piper cayenne

Instrucțiuni

unu. Combină toate ingredientele în oala ta.

2. Acoperiți cu un capac; apoi se fierbe la foc mare aproximativ 4 ore sau pana cand fasolea se inmoaie.

3. Serviți cu antreul aripioare.

Catering mediteranean vegan

(Gata in aproximativ 2 ore | Portie 8)

Cuprins
- 2 cani de fasole verde
- 1/4 cană ceapă, tocată mărunt
- 2 catei de usturoi, tocati
- 1 ardei gras rosu mare, tocat
- 1 morcov mare, tocat
- 1 lingurita radacina de ghimbir, macinata
- 1/2 cană de apă
- 1 cana fasole neagra conservata, scursa
- 1 lingura otet de vin de orez
- 2 lingurite sos tamari
- 1/2 lingurita sare de mare
- 1/4 lingurita piper negru macinat

Instrucțiuni

unu.Amestecați fasolea verde, ceapa, usturoiul, ardeiul gras, morcovul, rădăcina de ghimbir și apa în tigaie; acoperiți cu un capac și puneți vasul de ghiveci la sus.

2.Gatiti aproximativ 1 ora jumatate; deversare. Adăugați ingredientele rămase și gătiți încă 30 de minute. Gustați, ajustați condimentele și serviți.

Fasole fierbinte

(Gata în aproximativ 6 ore | Porție 8)

Cuprins
- 1 cană ceapă tocată
- 2 cutii (15 uncii) de fasole, clătite și scurse
- 1 ardei serrano, tocat
- 1 ardei jalapeno, tocat fin
- 1 cană de porumb cu miez întreg
- 1 cană de roșii cherry, tăiate la jumătate
- 2 linguri de zahar
- 1/2 linguriță frunze de cimbru uscat
- 1 frunză de dafin
- 1/2 lingurita sare de mare
- 1/4 lingurita piper alb
- 1/2 cană brânză Pecorino, rasă
- 1/4 cană pătrunjel proaspăt, tocat mărunt

Instrucțiuni

unu. Combinați toate ingredientele, cu excepția brânzei și a pătrunjelului, în oala de vas.

2. Acoperiți și gătiți la foc mic timp de 5 până la 6 ore.

3. Se presara cu branza si patrunjel si se serveste!

Fasole Cannellini la cuptor și cu ierburi

(Gata în aproximativ 6 ore | Porție 6)

Cuprins
- 1 cană suc de legume
- 3 cutii (15 uncii) de fasole cannellini
- 1/2 cană de praz, tocat
- 2-3 catei de usturoi, tocati
- 1 tulpina de telina, tocata
- 1 ardei gras rosu dulce, tocat
- 1 lingurita de salvie uscata
- 2 foi de dafin
- 6 roșii uscate la soare, înmuiate și tăiate felii
- 1/2 lingurita boia
- 1/2 lingurita sare de mare
- 1/4 lingurita piper negru proaspat macinat

Instrucțiuni
unu. Pune toate ingredientele în oala ta.

2. Acoperiți și gătiți la foc mic timp de 5 până la 6 ore. Serviți cu cârnați și salata preferată, dacă doriți.

Fasole delicioasă, dulci, condimentată

(Gata în aproximativ 6 ore | 10 porții)

Cuprins

- 1 ½ cană de praz, tocat
- 4 conserve (15 uncii) de fasole Great Northern, clătită și scursă
- 2 linguri de ghimbir, tocat marunt
- 3 catei de usturoi, tocati
- 1 lingura de zahar
- 1 cană pastă de tomate
- 1 linguriță de seminţe de muştar
- 1 lingurita frunze de cimbru uscat
- 1 lingurita de frunze de salvie uscate
- 1⁄4 lingurita nucsoara, rasa
- 2 foi de dafin
- piper negru, dupa gust
- 5-6 ardei negri
- 1⁄2 cană pesmet de ghimbir, măcinat grosier

Instrucțiuni

unu. Combinați toate ingredientele, cu excepția firimiturii de ghimbir, într-o oală de ghimbir.

2. Acoperiți oala cu un capac și gătiți la foc mic timp de 6 ore, adăugând firimiturile de ghimbir în ultima oră.

3. Aruncați foile de dafin și serviți fierbinți.

Sfeclă de miere ușoară cu struguri

(Gata în aproximativ 2 ore și 30 de minute | Porție 6)

Cuprins

- 2 căni de apă fierbinte
- 1 ½ kilograme de sfeclă medie
- 1 ceapa rosie mare, tocata marunt
- 2 catei de usturoi, tocati
- 1/4 cană stafide
- 3 linguri pline de nuci de pin prăjite
- 1/4 cană miere
- 3 linguri de otet de vin rosu
- 1 lingura de ulei de masline
- Piper si sare dupa gust

Instrucțiuni

unu. Puneți apă fierbinte și sfeclă într-o oală de vase; se acoperă și se fierbe la foc mare aproximativ 2 ore; deversare.

2. Apoi curățați sfecla de coajă și tăiați-o în bucăți mici. Întoarceți-vă la oala; Adăugați ingredientele rămase.

3. Coaceți încă 30 de minute. Serviți cu un antreu cu aripi și bucurați-vă!

Varza de Bruxelles glazurata cu ceapa perlata

(Gata în aproximativ 2 ore și 10 minute | Porție 6)

Cuprins
- 8 uncii ceapă perlată congelată, dezghețată
- 8 uncii varză de Bruxelles mici
- 11/2 cani de apa fierbinte
- 1/4 lingurita piper negru macinat
- 1/4 lingurita piper cayenne
- 1/2 lingurita sare de mare
- 1 lingura de margarina
- 1/4 cană zahăr brun

Instrucțiuni

unu. Combinați ceapa perla, varza de Bruxelles și apa fierbinte într-o oală de vase.

2. Se acopera cu un capac si se fierbe la foc mare aproximativ 2 ore sau pana cand legumele sunt fragede; deversare. Asezonati cu piper negru, piper cayenne și sare de mare.

3. Adăugați margarina și zahărul și gătiți încă 10 minute. Serviți cald și bucurați-vă.

Piure de cartofi-morcovi cu ierburi

(Gata în aproximativ 3 ore și 30 de minute | Porție 8)

Cuprins
- 2 cani de cartofi, curatati cubulete
- 2 kg morcovi, feliați
- 1 pahar de apă
- 2 linguri de unt
- 1/4 cană lapte, cald
- 1/2 linguriță rozmarin uscat
- 1/2 lingurita ienibahar
- 1/2 linguriță de semințe de țelină
- 1 lingurita busuioc uscat
- 1 lingurita de cimbru uscat
- 1/2 lingurita de sare
- 1/2 lingurita fulgi de ardei rosu, macinati

Instrucțiuni

unu.Pune cartofi, morcovi și apă în oala ta; se acopera cu un capac si se fierbe la foc mare timp de 3 ore. Filtrați bine.

2.Se face piure cartofii si morcovii fierti intr-un robot de bucatarie pana devine cremos si omogen; întoarce-te la oala de vase. Acoperiți și gătiți la foc mare timp de aproximativ 30 de minute; amestecați-l din când în când.

3.Bateți untul și laptele în piureul de cartofi și morcovii. Faceți o consistență cremoasă. Se condimentează cu condimente și se servește.

Varză de iarnă cu slănină

(Gata în aproximativ 4 ore | Porție 6)

Cuprins

- 1 varză de cap, feliată subțire
- 3/4 cani de praz, tocat
- 2 morcovi medii, tocați
- 1 ardei gras rosu dulce, feliat subtire
- 2 catei de usturoi, tocati
- 1/2 linguriță de semințe de anason
- 1/4 cană bulion conservat
- 1/4 cană vin alb sec
- Sarat la gust
- 1/2 lingurita piper negru macinat
- 2 felii de bacon taiate cubulete, fierte crocante si scurse

Instrucțiuni

unu. Combinați toate ingredientele, cu excepția baconului, în oala dvs.

2. Acoperiți și fierbeți timp de aproximativ 4 ore sau până când varza este fragedă.

3. Adăugați slănină, ajustați condimentele după gust și bucurați-vă!

Varză cremoasă vegetariană

(Gata în aproximativ 4 ore și 10 minute | Porție 6)

Cuprins

- 1 cap mare de varză, feliată subțire
- 3/4 cani ceapa rosie sau galbena, tocata
- 2 morcovi medii, tocați
- 1 ardei gras dulce, feliat subțire
- 2 catei de usturoi, tocati
- 1/2 linguriță de semințe de chimen
- 1/2 linguriță de semințe de țelină
- 1 cană de bulion de legume conservat
- Sarat la gust
- Piper negru, dupa gust
- ardei cayenne, dupa gust
- 1/2 cană smântână redusă în grăsimi
- 1 lingura de faina de porumb

Instrucțiuni

unu. Pune toate ingredientele, cu excepția smântânii și a făinii de porumb în oala ta.

2. Acoperiți cu un capac și gătiți la foc mare timp de 4 ore.

3. Se amestecă smântâna și mălaiul combinat și se continuă gătitul pentru încă 10 minute. Se serveste fierbinte.

Morcov glazut cu portocaliu uimitor

(Aproximativ 3 ore și 10 minute gata | Porție 4)

Cuprins

- 1 kg morcovi pui
- 3/4 cani suc de portocale
- 1 lingura de unt
- 1/2 cană zahăr brun, ușor ambalat
- 1/2 linguriță ienibahar
- 1/4 linguriță buzdugan măcinat
- 1/2 lingurita sare de mare
- 1/2 lingurita de piper alb
- 2 linguri de porumb
- 1/4 cană de apă

Instrucțiuni

unu. Pune toate ingredientele cu excepția făinii de porumb și a apei într-o caserolă; Acoperiți și gătiți aproximativ 3 ore sau până când morcovii sunt crocanți.

2. Combinați făina de porumb și apa într-un castron mic; Adăugați în vasul de caserolă. Se amestecă timp de 2 până la 3 minute.

3. Împărțiți în patru farfurii de servire și serviți cu carne sau pește, dacă doriți.

Varză cremoasă mediteraneană

(Gata în aproximativ 4 ore și 10 minute | Porție 6)

Cuprins

- 1 cap mare de varză, feliată
- 3/4 cani ceapa rosie sau galbena, tocata
- 1 coastă de țelină, tocată
- 1 ardei gras verde, feliat subțire
- 1 ardei gras galben, feliat subtire
- 2 catei de usturoi, tocati
- 1 lingurita de seminte de telina
- 1 cană de bulion de legume conservat
- Sarat la gust
- Piper negru, dupa gust
- Piper, după gust
- răzătoarea de nucă de cocos
- 1 cană de spanac, tăiat în bucăți
- 1/2 cană iaurt grecesc simplu
- 1 lingura de amidon de porumb

Instrucțiuni

unu. Pune toate ingredientele, cu excepția spanacul, iaurtul și amidonul de porumb într-o oală.

2. Gătiți acoperit timp de 4 ore, adăugați spanacul în ultimele 30 de minute de timp de gătire și presărați cu puțin condiment suplimentar dacă doriți.

3. Adăugați iaurtul combinat și amidonul de porumb, amestecați timp de aproximativ 10 minute. Serviți fierbinte și bucurați-vă!

Cartofi dulci glazurati cu portocale

(Gata în aproximativ 3 ore și 5 minute | Porție 4)

Cuprins

- 1 kg de cartofi dulci
- 3/4 cani suc de portocale
- 1 lingura de margarina
- 1/2 cană zahăr brun
- 1/2 lingurita nuca de cocos rasa
- 1/4 linguriță buzdugan măcinat
- 1/4 lingurita cuisoare macinate
- 1/2 lingurita de scortisoara macinata
- 1/2 linguriță sare kosher
- 1/2 lingurita de piper alb
- 2 linguri de porumb
- 1/4 cană de apă

Instrucțiuni

unu.Pune toate ingredientele, cu excepția făinii de porumb și a apei, într-o tavă.

2.Acoperiți și gătiți aproximativ 3 ore sau până când cartofii dulci sunt crocanți.

3.Adăugați făina de porumb amestecată și apă, amestecând constant timp de 3 până la 4 minute. Serviți cu antreul preferat de carne.

Plăcintă delicioasă de porumb de familie

(Gata în aproximativ 3 ore | 6 porții)

Cuprins

- 1 lingurita de zahar
- 1 pahar cu apa Lapte
- 3 oua, batute usor
- 1 ½ cană de porumb cremă
- 1 cană boabe de porumb
- 1/2 lingurita ienibahar
- 1/2 lingurita de sare
- 1/4 lingurita piper alb

Instrucțiuni

unu. Amestecă toate ingredientele împreună. Se pune pe o farfurie de sufle.

2. Așezați acest vas pentru sufleu pe un suport în vasul de vas.

3. Acoperiți și gătiți la foc mic aproximativ 3 ore.

Budincă de porumb picant

(Gata în aproximativ 3 ore | 6 porții)

Cuprins

- spray de gătit antiaderent
- 3 ouă medii
- 1 cană de lapte integral
- 1/2 cană de porumb sâmbure întreg congelat, dezghețat
- 2 linguri de făină universală
- 1/2 lingurita de chimen macinat
- 1 linguriță sare de mare fină
- 1/4 lingurita fulgi de ardei rosu, macinati
- 1/4 lingurita piper negru
- 1/2 cană de porumb cremă
- 2 căni de brânză ascuțită, redusă în grăsimi, rasă
- 1 ardei chipotle, tocat

Instrucțiuni

unu. Tratează interiorul oalei cu spray de gătit antiaderent.

2. Puneți ouăle, laptele, porumbul din cereale integrale, făina universală, chimenul, sare, boia de ardei și piper negru într-un robot de bucătărie sau blender până la omogenizare și omogenizare.

3. Turnați amestecul în vasul uns cu uns. Adăugați restul ingredientelor.

4. Acoperiți și gătiți la foc mic aproximativ 3 ore.

Umăr de porc cu sos iute

(Gata in aproximativ 12 ore | Portie 10)

Cuprins
- 1 friptură de umăr de porc
- 1/2 lingurita piper negru macinat
- 1/2 lingurita piper cayenne
- 1 linguriță sare de mare fină
- 1 lingură suc proaspăt de portocale
- 1 cană de oțet balsamic
- 2 linguri de zahar brun
- 1 lingura sos Tabasco

Instrucțiuni

unu. Pune carnea de porc în fundul vasului. Asezonați cu piper negru, piper cayenne și sare de mare. Se toarnă suc de portocale și oțet balsamic.

2. Acoperiți și gătiți la foc mic timp de 12 ore.

3. Scoateți carnea de porc din tigaie; aruncați oasele.

4. Rezervați 2 căni de lichid pentru a face sosul. Adăugați zahărul și sosul tabasco în lichidul separat.

5. Tăiați carnea de porc și întoarceți-vă în oala de vas. Se toarnă sosul peste carnea de porc.

6. Păstrați cald înainte de servire.

Cremă cu praz și usturoi

(Gata in aproximativ 3 ore | 6 porții)

Cuprins

- 2 linguri ulei de masline extravirgin
- 4 praz (doar partea albă), feliate
- 2 catei de usturoi, tocati
- 1/2 lingurita ienibahar
- 2 oua, batute usor
- 1 cană de lapte integral
- 1/8 lingurita nucsoara macinata
- 1/2 lingurita sare de mare
- 1/4 lingurita piper negru macinat
- 1/4 lingurita fulgi de ardei rosu, macinati
- 1/2 cană brânză elvețiană, rasă

Instrucțiuni

unu.Într-o tigaie mică de fontă, încălziți uleiul de măsline la foc mediu-mare. Se caleste prazul si usturoiul aproximativ 8 minute.

2.Adăugați prazul și usturoiul sotate într-un vas de sufleu potrivit; adăugați ingredientele rămase; așezați-l pe un suport în oala dvs.

3.Acoperiți și gătiți timp de 3 până la 3 ore și jumătate sau până când crema se întărește.

4.Lăsați să stea 10 minute înainte de a tăia și a servi. Această cremă poate fi o cină delicioasă și va completa și masa ta preferată.

Ceapa umpluta Vidalia

(Gata în aproximativ 4 ore | Porție 6)

Cuprins

- 4 cepe medii Vidalia, curatate de coaja
- 1/2 cană de pesmet
- 1/2 cană brânză Queso Fresco, mărunțită
- 4 roșii uscate la soare, tocate
- 1/4 cană castane de apă
- 2 catei de usturoi, tocati
- 1/2 lingurita frunze de busuioc uscat
- 1/4 lingurita sare
- 1/4 lingurita piper negru
- 1 albus de ou
- 1/2 cană de supă fierbinte de pui

Instrucțiuni

unu. Ceapa Vidalia se pune la fiert în apă aproximativ 10 minute; deversare.

2. Tăiați ceapa de Vidalia în jumătate și îndepărtați mijlocul. Puteți rezerva centre pentru o altă utilizare.

3. Amestecați restul ingredientelor, cu excepția supei de pui, într-un castron; umpleți jumătățile de ceapă cu amestecul pregătit.

4. Adăugați ceapa umplută în oala; se toarnă supa de pui.

5. Gatiti acoperit aproximativ 4 ore.

Igname de zahăr cu fructe și nuci

{Gata în aproximativ 4 ore | Porție 8}

Cuprins

- 2 kg de cartofi, decojiți și tăiați felii subțiri
- 1/4 cană coacăze
- 1/4 cană nuci pecan prăjite, tocate
- 2/3 cană zahăr brun deschis la pachet
- vârf de cuțit de sare
- 1/2 lingurita ienibahar
- 1/4 lingurita piper negru macinat
- 2 linguri de unt rece
- 1/2 cană de apă
- 2 linguri de porumb

Instrucțiuni

unu. Pune cartofii în vasul tau, presărați cu coacăze, nuci, zahăr brun, sare, ienibahar și piper negru și unsați cu unt rece. Repetați straturile până când ingredientele dispar.

2. Combinați apa și făina de porumb; se toarnă într-o caserolă.

3. Acoperiți și gătiți la foc mic 3 ore; apoi dați focul la mare și gătiți încă 1 oră. Bucurați-vă!

Coaste de miere de arțar

(Gata în aproximativ 5 ore | Porție 6)

Cuprins

- 3 kilograme de coaste de porc
- 1 cană de bulion de legume conservat
- 1/2 cană de apă
- 1/4 cană miere
- 3 linguri muștar
- 1/4 cană sos grătar
- 1/4 cană sos tamari
- 1/4 cană sirop de arțar pur

Instrucțiuni

unu. Amestecați toate ingredientele, cu excepția coastelor de porc, în caserolă.

2. Separați coastele; puneti coastele de porc in tava.

3. Acoperiți și gătiți la foc mare timp de 5 ore sau până când carnea de porc cade de pe oase. Se servește fierbinte cu sos de roșii iute și puțin muștar, dacă se dorește.

Nucă de Yam pentru Sărbătorile de Iarnă

(Gata în aproximativ 3 ore | 6 porții)

Cuprins

- 1 ¼ cana de cartofi, curatati de coaja si rasi grosier
- 1/3 cană eșalotă, tocată mărunt
- 2 mere tarta, ras
- 1/4 cană stafide aurii
- 1/8 linguriță nucșoară măcinată
- 1/4 lingurita cuisoare macinate
- 1/4 linguriță de scorțișoară măcinată
- 1/4 cană făină universală
- 1/4 cană suc proaspăt de portocale
- vârf de cuțit de sare
- 1/4 lingurita piper alb
- 1 ou mare

Instrucțiuni

unu. Se amestecă toate ingredientele cu excepția oului; Ajustați condimentele după gust. Amestecați oul.

2. Se pune amestecul in forma de tort unsa; așezați tava de pâine pe grătar în oala de vas. Acoperiți cu folie de aluminiu.

3. Se toarnă 2 inci de apă fierbinte în oala; Acoperiți și gătiți la foc mare timp de aproximativ 3 ore.

4. Se lasa pe gratar cel putin 5 minute; Serviți cu susul în jos pe farfurii de servire.

Budincă de dovleac și cartofi dulci

(Gata în aproximativ 3 ore și 30 de minute | Porție 6)

Cuprins

- ulei de rapita
- 1 cană de dovleac Hubbard
- 1 cană morcovi, tăiați felii
- 4 cartofi dulci medii, decojiti si taiati cubulete
- 1/4 cană suc de portocale
- 2 linguri de unt
- 1/4 cană zahăr brun deschis la pachet
- 1/4 linguriță cuișoare
- vârf de cuțit de sare
- 3 oua, batute usor
- 1 cană de bezele miniaturale

Instrucțiuni

unu. Ungeți interiorul vasului cu ulei de canola.

2. Adăugați dovleceii, morcovii și cartofii dulci; Acoperiți și gătiți la foc mare timp de aproximativ 3 ore.

3. Scoateți legumele din tigaie; Pasați cu ingredientele rămase, cu excepția marshmallows.

4. Întoarceți legumele zdrobite în oala; Acoperiți și gătiți încă 30 de minute. Întindeți marshmallow-urile pe ea și serviți.

Gratin de cartofi bogat și cremos

(Gata în aproximativ 3 ore și 30 de minute | Porție 8)

Cuprins
- 2 kg de cartofi, decojiți și tăiați felii
- 1⁄4 cană ceapă verde, feliată
- 1/2 lingurita de sare
- 1/4 lingurita piper negru macinat
- 2 linguri de unt
- 3 linguri de salota, tocata marunt
- 3 linguri de făină universală
- 1 pahar cu apa Lapte
- 2 uncii de brânză procesată cu conținut redus de grăsimi, tăiată cubulețe
- 1 cană brânză cheddar, rasă
- 1/2 lingurita frunze de busuioc uscat
- 1/2 lingurita frunze de cimbru uscat
- 1/2 lingurita boia

Instrucțiuni

unu.Pune jumătate din cartofii tăiați și ceapa verde pe fundul oală; Se presară sare și piper negru măcinat.

2.Pentru a face sosul, topiți untul într-o tigaie mică; Adaugati salota si faina si gatiti aproximativ 2 minute. Bateți treptat laptele, amestecând până se îngroașă sau 2 până la 3 minute.

3.Apoi, reduceți căldura la minim; Adăugați ingredientele rămase. Se amestecă până când totul este bine combinat și topit.

4.Se toarnă jumătate din acest sos de brânză peste straturile din oala. Repetați straturile, terminând cu sosul de brânză.

5.Acoperiți și gătiți la foc mare timp de aproximativ 3 ore și jumătate. Serviți fierbinte și bucurați-vă!

Cartofi cremosi cu sunca afumata

(Gata în aproximativ 4 ore | Porție 8)

Cuprins

- 2 kg de cartofi, feliați
- 12 uncii șuncă afumată, cubulețe
- 1 cană de supă smântână de ciuperci
- 1 lingurita de frunze uscate de busuioc
- 1 pahar cu apa Lapte
- 1 ½ cană de brânză Monterey Jack
- sare de mare, dupa gust
- 1/4 lingurita piper negru, proaspat macinat
- 1/4 lingurita piper cayenne
- Boia afumată, după gust

Instrucțiuni

unu. Pune cartofii și șunca afumată în fundul caserolei.

2. Combinați ingredientele rămase într-un castron mare; se toarnă în tava.

3. Acoperiți și gătiți la foc maxim aproximativ 4 ore. Bucurați-vă!

Legume rădăcinoase cremoase

(Gata în aproximativ 5 ore | Porție 6)

Cuprins
- 4 cartofi mici, feliați
- 1 bulb mediu de fenicul, feliat
- 1 nap, feliat
- 1 morcov mare, feliat
- 2 păstârnac medii, feliați
- 3 praz mici (doar partea albă), feliate
- 2 catei de usturoi, tocati
- 1/2 lingurita frunze de busuioc uscat
- Sarat la gust
- 1/4 lingurita piper negru macinat
- 1/4 lingurita boia
- 1 cană de supă de pui
- 1/2 cană jumătate și jumătate
- 1 cană smântână
- 2 linguri de porumb

Instrucțiuni

unu. Combină toate ingredientele, cu excepția smântânii și a făinii de porumb, în oala ta.

2. Acoperiți și fierbeți timp de aproximativ 5 ore sau până când legumele sunt fragede.

3. Adăugați smântâna combinată și făina de porumb și continuați gătitul, amestecând, timp de 2 până la 3 minute. Serviciu.

Sufle de ciuperci și dovlecel

(Gata în aproximativ 4 ore | Porție 8)

Cuprins
- 4 ouă medii
- 3/4 cană lapte integral
- 1/4 cană făină universală
- 1 cană de ciuperci, feliate
- 1 kilogram de dovlecel, tocat
- 2 linguri patrunjel, tocat grosier
- 1 catel de usturoi, tocat
- 1/2 lingurita frunze de busuioc uscat
- 1/2 lingurita frunze de cimbru uscat
- 1/2 lingurita rozmarin uscat
- 1 lingurita de sare
- 1/4 lingurita piper negru macinat
- 1/4 lingurita piper cayenne
- 1/2 cană parmezan, ras

Instrucțiuni

unu. Într-un castron, bateți ouăle, laptele și făina universală până când se omogenizează.

2. Apoi adăugați ingredientele rămase, cu excepția 1/4 cană de parmezan.

3. Turnați acest amestec în caserolă; Stropiți cu 1/4 cană de brânză parmezan rămasă.

4. Așezați oala pe un suport în oala; Acoperiți și gătiți la foc mare timp de 4 ore. Se serveste fierbinte.

Deliciu turcesc cu branza, spanac si taitei

(Gata în aproximativ 4 ore | Porție 8)

Cuprins

- 1/2 cană cremă de brânză redusă în grăsimi
- 1 cană de brânză de vaci
- 3 oua mari, batute usor
- 1 cană de lapte integral
- 1/2 cană de coacăze
- 1/2 lingurita ienibahar
- 2 căni de spanac
- 1/2 cană tăiței cu ou, fierte al dente
- 1/2 lingurita de sare
- 1/2 lingurita piper negru macinat
- 1/2 lingurita fulgi de ardei rosu, macinati
- Parmezan ca garnitură

Instrucțiuni

unu. Într-un castron mediu, combinați crema de brânză și brânza de vaci; Bateți ouăle și adăugați-le la amestecul de brânză.

2. Amestecați ingredientele rămase, cu excepția parmezanului; Transferați pe o farfurie pentru sufle.

3. Se presara cu parmezan; puneți vasul de sufle pe un suport în vasul de vas.

4. Acoperiți și gătiți timp de aproximativ 4 ore sau până când se fixează.

Budinca de paine sarata

(Gata in aproximativ 5 ore | Portie 8)

Cuprins
- spray de gătit antiaderent
- 8 uncii de pâine, tăiată cubulețe
- 1 lingurita de frunze uscate de busuioc
- 1/2 linguriță de semințe de muștar
- 2 linguri de unt, topit
- 1 coastă de țelină, feliată subțire
- 1 morcov mare, feliat
- 8 uncii de ciuperci, feliate subțiri
- 1 cană eșalotă, tocată mărunt
- 1 catel de usturoi, tocat
- 1 cană smântână ușoară
- 1 cană de lapte integral
- 4 oua, batute usor
- 1/2 lingurita de sare
- 1/4 lingurita piper negru macinat
- 1/4 cană brânză provolone, rasă

Instrucțiuni

unu. Pulverizați cuburile de pâine cu spray de gătit antiaderent; Se presară cu busuioc și semințe de muștar și se aruncă.

2. Coaceți pe o foaie de prăjituri la 375 de grade F timp de aproximativ 15 minute sau până când devine maro auriu.

3. Se încălzește untul într-o tigaie grea. Se caleste telina, morcovii, ciupercile, salota si usturoiul timp de aproximativ 8 minute.

4. Într-un castron mare, amestecați ingredientele rămase, cu excepția brânzei provolone; Adăugați cuburile de pâine unsă cu unt și legumele sotate.

5. Se pune într-o tavă unsă cu uns; Se presara deasupra branza provolone rasa si se da la frigider peste noapte. Se fierbe la foc mare, acoperit, aproximativ 5 ore.

Creveți Porumb și Cartofi

(Gata in aproximativ 2 ore | Portie 8)

Cuprins

- 4 spice de porumb, taiate la jumatate
- 2 kg de cartofi roșii, curățați și tăiați în sferturi
- 1/4 cană condiment pentru creveți
- 1 lingura de seminte de telina
- 1 lingurita de frunze uscate de busuioc
- 4 praz, felii subțiri
- apă la nevoie
- 1 ½ kg de creveți medii

Instrucțiuni

unu. Pune toate ingredientele, cu excepția creveților, într-o tavă.

2. Gătiți la maxim 2 până la 2 ore și jumătate.

3. Adăugați creveții; Continuați să gătiți timp de 20 de minute sau până când creveții sunt copți bine. Se serveste fierbinte.

Paella de vară bogată și sănătoasă

(Gata in aproximativ 6 ore | Portie 12)

Cuprins
- 1 lingura ulei de masline extravirgin
- 2 cepe medii, feliate
- 3 catei de usturoi, tocati
- 1 kg cârnați picant
- 2 kilograme de rosii, tocate
- 2 cani de supa de pui
- 2 căni de suc de midii
- 1 cană de vermut uscat
- 2 ½ cani de orez, nefiert
- 1/2 linguriță de chimen măcinat
- 1/2 lingurita de seminte de chimen
- 1 lingurita sofran
- sare de mare, dupa gust
- 1/4 lingurita piper negru macinat
- 2 linguri de ulei de măsline
- 1 kg peste, taiat cubulete
- 1 kilogram de creveți

- 1 kg de midii proaspete
- 1 ardei verde, tocat
- 1 cană de mazăre proaspătă

Instrucțiuni

unu.Încinge uleiul de măsline într-o tigaie grea la foc mediu; apoi căliți ceapa, usturoiul și cârnații până când cârnații se rumenesc și se sfărâmiciază. Se strecoară și se transferă într-o tavă.

2.Adăugați roșiile, supa de pui, sucul de scoici, vermut, orez, chimen, chimen, șofran, sare și piper; Acoperiți și gătiți la foc mic timp de 6 ore.

3.Încălziți 2 linguri de ulei în aceeași tigaie; soteți peștele și creveții. Transferați într-o tavă. Adăugați ingredientele rămase și gătiți până când sunt fierte. Se serveste fierbinte.

Iepure în sos de cocos

(Gata în aproximativ 6 ore | Porție 8)

Cuprins

- 1 cană de lapte de cocos
- 1 pahar de apă
- 3 roșii medii, tăiate cubulețe
- 2 praz, tocat
- 1 lingurita de sare
- 1 frunză de dafin
- 1/2 linguriță piper negru măcinat
- 1/2 lingurita fulgi de ardei rosu, macinati
- 3 kilograme de carne de iepure, tăiată în bucăți de mărimea unei porții

Instrucțiuni

unu. Într-o oală de vas, combinați toate ingredientele.

2. Acoperiți cu un capac și încălziți la foc mic timp de 5-6 ore.

3. Serviți peste tăiței sau orez fiert.

Moussaka vegetarian de cartofi și vinete

(Gata în aproximativ 7 ore | Porție 8)

Cuprins

- 1 cană de linte brună uscată, clătită și scursă
- 3 cartofi medii, curatati de coaja si feliati
- 1 pahar de apă
- 1 cub de bulion
- 1 coastă de țelină, tocată mărunt
- 1 ceapă medie, feliată
- 3 catei de usturoi, tocati
- 1/2 lingurita de sare
- 1/4 lingurita piper negru proaspat macinat
- 1/4 lingurita de scortisoara macinata
- 1 lingurita condimente italiene
- 1 cană morcovi, tăiați felii
- 1 vinete medie, taiata cubulete
- 1 cana rosii, tocate
- 1 cana crema de branza, moale
- 2 ouă mari

Instrucțiuni

unu. Comandă ingredientele caserolei precum linte, cartofi, apă, cuburi de bulion, țelină, ceapă, usturoi, sare, piper, scorțișoară, condimente italiene, morcovi și vinete.

2. Acoperiți și încălziți la foc mic timp de 6 ore.

3. Se amestecă roșiile tăiate cubulețe, cremă de brânză și oul. Acoperiți și gătiți la foc mic încă o oră.

Pulpe de pui cu cartofi curry

(Gata în aproximativ 8 ore | 8 porții)

Cuprins

- 1 lingură de pudră de curry
- 1 lingurita cuisoare macinate
- 1 lingurita nucsoara macinata
- 1 lingurita de ghimbir macinat
- 2 kg pulpă de pui, dezosată, fără piele, tăiată cubulețe
- 1 lingurita de ulei de masline
- 1 ceapa galbena medie, tocata
- 2 catei de usturoi, tocati
- 1 ardei iute, tocat
- 1 ½ kg de cartofi roșii cu piele, tăiați cubulețe
- 1 cană de lapte de cocos

Instrucțiuni

unu. Într-un castron mediu, amestecați praful de curry, cuișoarele, nucșoara și ghimbirul. Tăiați pulpele de pui în bucăți mici. Adăugați puiul în bol; se amestecă pentru a acoperi uniform.

2. Încinge uleiul de măsline într-o tigaie; se calesc bucatile de pui asezonate pana incep sa se rumeneasca. Adăugați-l în vasul de caserolă.

3. Adăugați restul ingredientelor. Se amestecă pentru a se combina. Gatiti aproximativ 8 ore la foc mic.

Clafoutis de pere de seară delicioase

(Gata in aproximativ 3 ore | Portie 4)

Cuprins

- 2 pere, fără miez
- 1/2 cană făină de orez
- 1/2 cană amidon de săgeată
- 1 lingurita de praf de copt
- 1 lingurita de praf de copt
- 1/2 linguriță gumă xantan
- vârf de cuțit de sare
- 1/4 cană zahăr
- 1 lingurita de cuisoare
- 1/2 lingurita nuca de cocos rasa
- 1 lingurita scortisoara macinata
- 2 linguri de shortening vegetal, topit
- 2 oua
- 1 pahar cu apa Lapte
- sirop de arțar pentru garnitură

Instrucțiuni

unu.Taiati cubulete perele si puneti-le intr-o caserola.

2.Într-un castron mare, amestecați făina de orez, amidonul de săgeată, praful de copt, praful de copt, guma xantan, sare, zahărul, cuișoarele, nucșoara și scorțișoara.

3.Faceți o fântână în mijlocul ingredientelor uscate pentru a face aluatul; Adăugați shortening, ouă și lapte. Se amestecă bine pentru a se combina.

4.Se toarnă aluatul peste bucățile de pere din oala. Ventilați capacul oalei cu un băț.

5.Gatiti la foc mare timp de 3 ore. Se serveste cu sirop de artar.

Risotto de seară cu mere

(Gata în aproximativ 9 ore | Porție 6)

Cuprins

- 1/4 cană unt, topit
- 1 ½ cană de orez Carnaroli
- 3 mere, decojite, fără miez și feliate
- 1/4 linguriță cuișoare măcinate
- 1 lingurita scortisoara macinata
- 1/4 linguriță sare cușer
- 1/3 cană zahăr brun
- 1 pahar de apă
- 2 căni de lapte plin de grăsime
- 1 pahar de suc de mere

Instrucțiuni

unu. Adăugați untul și orezul în oala dvs.; Se amestecă pentru a acoperi.

2. Adăugați ingredientele rămase; Se amestecă bine pentru a se combina.

3. Acoperiți cu un capac și fierbeți la foc mic timp de 9 ore. Se serveste fierbinte.

www.ingramcontent.com/pod-product-compliance
Lightning Source LLC
Chambersburg PA
CBHW070417120526
44590CB00014B/1423